心が整う
365日の作法

まえがき

「三世《さんぜ》に生きる」という言葉が仏教にあります。「三世」とは「過去」「現在」「未来」のこと。みなさんがよく耳にする阿弥陀仏《あみだぶつ》やお釈迦《しゃか》様、弥勒菩薩《みろくぼさつ》というのは、この「三世」をそれぞれに象徴する仏様のことをいいます。

私たちは過去・現在・未来という時間の流れの中に生きていますが、よく考えてみると、実際に関われる時間は、「今」という一瞬でしかありません。

昨日あったことを変えることはできませんし、未来に出会う人にあいさつをすることもできません。

けれども、今というこの一瞬を大事に生きることで、過去の出来事から学ぶことも、また未来を善《よ》きものにすることもできるものです。今をどう生きるか。それを少し意識するだけで、現実が変わっていきます。今、意識している方向に、過去も未来も動いていくからです。

では、今を、どのように生きたらよいのでしょう。

本書には、心が軽くなり、幸せを呼び込むような「小さな話」を書き記しました。さまざまなテーマで紹介していますので、少し意識してみるだけで、日常のさまざまな出来事のとらえ方や感じ方、考え方が変わっていくことと思います。

さらには、四季を感じられるお話も紹介しています。古くから日本人は一年を二十四節気七十二候に区切り、それぞれの節目に美しい名前を与えてきました。四季の始まりには立春・立夏・立秋・立冬と名づけ、それぞれの季節の特徴は啓《けい》蟄《ちつ》・夏至・処暑・冬至などという言葉で表現しました。とても情緒あふれる言葉だと私は感じます。

一日一日の季節を感じながら、今日という大事な時間を穏やかに、すがすがしく、また充実したものにして過ごしていただきたい――そんな願いから本書を書き進めました。

本書は三六五日という時間の流れに沿って書いていますが、読み方はみなさんにお任せします。

最初から一気に読み進めてもよいでしょう。心に残ったページを幾度も繰り返し読むのもよいでしょう。あるいは日めくりのように、毎日一項目ずつ一年かけてお読みいただいてもよいかと思います。

不安を抱き、悩みを抱えて生きるのではなく、希望を抱き、今日できることを心をこめて行ないながら生きることで、自然と心は整っていきます。

それにともなって日常が整い、人生が整っていくことと思います。

それぞれの「一日」に書かれた「小さな話」が、読者のみなさんの幸せにつながることを願っております。

心が整う365日の作法

目次

本書の日にちに関する表記は、二〇二二年を目安にしております。
七十二候など毎年日にちが変わるものがありますのでご留意ください。

1月

春来草自生
（はるきたらばくさおのずからしょうず）

長く厳しい冬も、春が来れば自然に草木が芽吹き、雪を解かす風が吹いてきます。どんなに暑い夏の日も、秋が来れば涼風に包まれます。

私たちの人生も同じです。

楽しいこと、うれしいこと。それらは足早に去っていきます。永遠に続くことはありません。

また苦しみや悲しみも、永遠には続きません。もがくような苦しみさえも、いつか必ず和らぐ日がやってきます。

あなたの町に春が訪れるように、あなたの心にも必ず暖かな風が吹く日が来るのです。

お正月・元日

1日 新たに善き縁を結びましょう

元旦を迎えて初詣に出かけます。この初詣の意味とはなんでしょうか。それは、昨年結んでしまったもろもろの縁を除夜の鐘で一度リセットし、心も身も清らかな状態で初詣を行います。そこで改めて、新しい年の善き縁を結び、さらに大切に育んでいく。これが初詣です。

善き縁だと思っていたものが、実は自分のためにはならなかった。悪《あ》しき縁だと思っていたものが、実は自分自身を高めてくれるものだった。そういうことはあるもの。お正月は新たに善き縁を結ぶ日です。

2日 身の回りを美しく整えましょう

新しい年を迎えたのを機会に、自分の身の回りを美しく整えましょう。雑然とした環境に身を置いていると、心までもが雑然としてきます。雑然とした心からは正しい判断や考えが浮かんできません。美しく整った環境に身を置くことで、私たちは正しい道を歩むことができるのです。

何も、毎日大掃除をするということではありません。自分が着る洋服はきちんと畳んでいるか。身の回りに不必要な物を置いていないか。そんな視点で周囲を見回し、整えてみましょう。

3日

ぼんやりと空を眺めてみましょう

ちょっと心が疲れたり、なんとなくイライラしたりする。そんなことは日常の中でままあります。一つひとつは小さなことでも、それが積もり積もれば大きなストレスを生みます。

そういうときは、顔を上げて空を眺めてみてください。ぽっかりと浮かぶ雲に目をやりながら、ぼーっとした時間を持ってみましょう。ほんの数分でよいのです。そんな時間を持つことで、随分と心が軽くなるものです。顔をうつむけてばかりいないで、空を仰ぎ、心を遊ばせましょう。

4日

物欲を手放しましょう

誰にだって、欲しい物はあります。物欲のまったくない人間などいません。では、この物欲はどうなれば満たされるのでしょうか。欲しい物を全部手に入れたら満足するのでしょうか。

答えは否です。たとえそれを手に入れられたとしても、すぐにまた別の物が欲しくなる。物欲とはまるでかげろうのように、捕らえても捕らえきれないものなのです。

物欲から逃れる方法はただ一つ。心から、もうこれで十分だと思うこと。物欲とは、自分の内側にあるのです。

小寒

5日

本格的な冬がやってくる寒の入りのころ

一年でもっとも寒いこの時期を「寒《かん》」といいます。ここから立春までの約一か月が「寒の内」で、その入り口が「小寒《しょうかん》」です。この日から「寒の入り」となります。

厳寒の中でも、生き物はすくすく育っています。せりなどの春の七草が芽吹き始めますし、氷下魚《こまい》などの川魚も旬を迎えます。「氷の下の魚」と書いて氷下魚。水温が氷点下になっても生きることができる魚です。干物がとても美味で、お酒のおつまみとしても人気があります。寒い時期ならではの楽しみです。

6日

笑顔であいさつしましょう

朝起きたら家族に笑顔で「おはよう」と言う。出勤したら出会った人に笑顔で「おはようございます」と声をかける。これだけのことで、その一日が明るくなります。

あいさつはとても大事なもの。人に会っても黙って暗い顔をしていたら、誰も寄ってきません。当たり前です。暗い顔をした人とは関わりたくないのが人情です。

たとえあいさつが苦手だったとしても、勇気を持ってちょっとだけ口角を上げてあいさつしてみましょう。きっと相手も笑顔になって、朝の始まりが楽しくなります。

人日の節句（七草の節句）

7日

七草粥《ななくさがゆ》を食べて胃を休めましょう

せり、なずな、ごぎょう（ははこぐさ）、はこべら（はこべ）、ほとけのざ（こおにたびらこ）、すずな（かぶ）、すずしろ（大根）。これらが「春の七草」と呼ばれる物です。

五節句の一つ、「人日《じんじつ》の節句」と呼ばれるこの日に、今年一年の健康を願って春の七草を使い、粥をつくって食べる。これは江戸時代から続いてきた習慣です。

七草粥は正月三が日のおせち料理やお酒で疲れたお腹を休める役割もあります。七種類全部そろえるのは大変でも、いくつか使って粥をつくり、胃をいたわりましょう。

8日

今日やることはその日の朝に決めましょう

夜、寝るときになって、明日の予定を考え始める人がいます。明日やるべきことは何かな？　と。もちろん前日にしっかり考えておくことも大事ですが、できれば夜には考えないほうがよいでしょう。なぜなら、夜の考えごとは、どういうわけかマイナスに傾きがちだからです。ときにはその連鎖に歯止めがきかなくなってしまうことも。

やはり人間にとって、夜は考えごとをするのではなく、頭と体を休める時間なのでしょう。その日にやるべきことは、朝の日差しを浴びながら考えるようにしましょう。

9日

掃除はトイレから始めましょう

家の掃除をするとき、どこから始めますか？　リビングやキッチンなど、目につく場所から始める人が多いかもしれません。でも、こういう場所は、概して掃除しやすく、掃除の機会も多いように感じます。

家の中で一番使う機会が多いのに、もっとも目につきにくく、なかなか掃除をする気になれない場所。それはトイレです。掃除をトイレから始めると、気分もすっきりして、そのあとの段取りも楽になります。ときにはいつもの順番を変えて、まずトイレから掃除を始めてみましょう。

成人の日

10日

散歩に出て草木を眺めましょう

最近は健康ブームも手伝って、ウォーキングをする人も多いでしょう。それもよいことですが、ときには歩くことに専念せず、ゆったりと散歩を楽しんでみましょう。

早歩きしていては目につかなかった道端の草木も、ゆっくりと歩けば目にすることができます。なにげない草木からも季節の移り変わりを感じることができるでしょう。そして何より、私たちが自然に包まれて生きていることを実感することもできます。

ときには散歩に出て、自然の恵みのありがたさに目を向けてみましょう。

11日

人のためにお金を使いましょう

お金は大切な物。お金がいらない人はいないでしょう。なぜ私たちはお金が欲しいのでしょうか。それは、自分の欲望を満たすためではないでしょうか。自分だけがぜいたくしたい。自分だけが満足したい……。でも、はたしてそれは幸福でしょうか。

自分以外の人にお金を使ってみましょう。

何もたくさんでなくても大丈夫。出先で見つけたちょっとしたお土産を友人に買う。困っている人に寄付をしたり、募金をしたりするのもよいですね。誰かのためにお金を使うと、幸せを分かち合えます。

12日

周りの人のよいところを見つけましょう

あなたは、家族や周りの人のことを減点法で見ていませんか。夫のここが悪い、子どものここが不満、あの人のこういうところが……。知らないうちに粗探しをしている。でも、そんなことばかりしていると、次第に相手の悪いところしか目につかなくなってしまいます。それは自分自身にとっても、苦しいことではないでしょうか。

短所のない人間などいませんし、長所ばかりの人間もいません。人を見るときは、よいところに注目する。よいところ探しをしてみましょう。

13日

不平や不満を口にしない一日にしましょう

日常生活で不平や不満は誰にでもあります。小さな不平から大きな不満まで、数え挙げていたらきりがないかもしれません。

そこで気をつけたいのは、それらをわざわざ口にする必要はないということ。心で思っていることを口に出してしまえば、その瞬間からその不平や不満は増幅を始めます。言葉にすることで、一人歩きを始めるのです。

不平や不満が浮かんでも、じっとこらえて、心にとどめておくこと。わざわざ口にするのはやめましょう。

14日

いらない物を手放しましょう

現代は、物にあふれた時代です。私たちは、洋服や日用品など、部屋の中に納まりきらないほどたくさんの物に囲まれて暮らしています。しかし、そんな雑然とした物の中で暮らしていると、いつしか人生も雑然としてきます。これは決して大げさなことではありません。

自分にとって必要な物と不必要な物。それをしっかりと仕分けし、不要な物は手放しましょう。そうすると、きっとあなたの人生もすっきりして、自分が歩むべき道がはっきりと見えてくるでしょう。

小正月

15日

小豆がゆを食べて ひと休みしましょう

一月一日を「大正月《おおしょうがつ》」、一月十五日を「小《こ》正月《しょうがつ》」といいます。旧暦のこの日はちょうど満月にあたり、新年最初の満月のこの日に正月を祝ったとされています。小正月にはお米と小豆を炊き込んだ小豆がゆを食べる習慣がありました。これは平安時代から受け継がれる習わしです。

またこの日は「女正月」とも呼ばれています。お正月のさまざまな行事で忙しく働いた女性たちがひと息ついて、小豆がゆを楽しみながら体を休める。女性たちにとってはとても楽しみな日だったのです。

16日

朝一番に窓を開けて 風を感じましょう

朝起きたら、まずは窓を大きく開けて外の空気を部屋の中に入れましょう。そして、今日はどんな風が吹いているのだろう？と、体で風を感じ、空気の香りを胸いっぱいに吸い込んでみてください。

この時期は、肌を刺すような寒気に包まれるかもしれません。しかし、寒さや暑さを体で感じることは、すなわち、今自分が生きているという実感を持つことです。

生きていること、生かされていることのありがたさを体感し、自身の命を感じるためにも、風を感じることは大切です。

冬土用入り

17日

シジミの味噌汁で寒さに打ち勝ちましょう

「土《ど》用《よう》」と聞くと、夏の土用の丑《うし》を思い浮かべるでしょうが、土用は夏だけのものではありません。春夏秋冬、すべての季節に土用の日があります。立夏・立秋・立冬・立春の前の、それぞれ十八日間を土用と呼ぶのです。

冬の土用の日には、寒さに負けないように精のつく食べ物を取ります。たとえばシジミです。夏の土用の丑の日にも味噌汁にしてウナギと共に食べますが、冬のシジミは寒シジミと呼ばれ、ウナギに勝るとも劣らないほど栄養価が高い食材です。

18日

お金で得られない物の大切さを知りましょう

大切な人のために贈り物をした経験は誰にもあると思います。

そういうとき、こんなにお金を使ったのだから、自分にも同じだけのお返しが欲しいと思ったことはありませんか。多少期待してしまう部分があるのもわかりますが、それはいただけません。相手の喜ぶ笑顔や「ありがとう」の感謝の言葉は、お金で得られるものではありません。それなのに、人はいつしかそれを忘れて、お金で気持ちを表してほしいと思ってしまうのです。お金で手に入らないもの、それこそが尊いものです。

19日

できるだけ笑顔で過ごしましょう

「情けは人のためならず」という言葉があります。これを「人に情けをかけるのはその人のためにならない」という意味だと勘違いしている人もいますが、本来は、「誰かに優しくしたり情けをかけたりするのは、その人のためではなく自分のためなのだ」という意味です。

笑顔もこれと同じです。たとえ楽しいことがなくても、いつも笑顔で過ごしていると、その笑顔は回り回って自分のところに返ってきます。笑顔の多い人は、たくさんの笑顔に包まれます。

大寒

20日

鍋物で心と体を温めましょう

「大《だい》寒《かん》」とは、一年の中でもっとも寒さが厳しいころのことをいいます。しかし、そんな厳しい寒さの中にも、春の足音はたしかに聞こえてきます。「三《さん》寒《かん》四《し》温《おん》」という言葉があります。寒い日が三日続くと、その後の四日ほどは少し暖かな日差しに包まれる。そんなサイクルを繰り返しながら、少しずつ春に向かう季節なのです。

この時期のごちそうといえば、なんといっても鍋物。準備さえすませれば手早く簡単に食べられますし、笑顔も広がります。部屋の温度や湿度も上がって一石三鳥です。

21日 背筋を伸ばして姿勢をよくしましょう

心の健康と体の健康。それはまさに両輪です。心と体は共に影響を与え合いながら成り立っているからです。たとえば心配ごとなどを抱えていると、人はつい、うつむきがちになります。自信を失っていると、背中が丸まってしまうこともあります。

日々の暮らしの中で、心が疲れてしまうことは誰にでもあるでしょう。そういうときにこそ、背筋を伸ばして凛とした姿勢を意識することです。姿勢をよくすると、いつのまにか心までもが元気になってくる。人間とはそういうものです。

22日 財布の中身を必要最小限にしてみましょう

私は、出かけるときにその日に必要なお金しか財布には入れません。クレジットカードもポイントカードも持ち歩かないので、財布の中はすっきりシンプルです。こうすると、その日の行動がシンプルになり、目的だけに心を集中できます。

たとえば仕事が早く終わって、ちょっと洋服でも見ようかと思ったとしても、財布に余分なお金がなければ、まっすぐに家に帰りますし、衝動買いも防げます。

財布の中身を見直しましょう。シンプルな財布はシンプルな行動につながります。

23日

違う道を通って帰ってみましょう

毎日同じ道を歩いて駅に行く。帰りも同じ道を通って家まで帰ってくる。とくに疑問を持つことなく、そんな生活を送っている人も多いのではないでしょうか。

いつも通る、いつも通りの道には、同じ発想や同じ考え方しか落ちていません。それは、自身の価値観や考え方を狭めることになります。私たちの悩みは、その狭い視野から生まれてくるのです。

ときには違う道を通ってみる。余裕があれば寄り道をしてみる。普段通らないその道には、きっと違う自分があるはずです。

24日

買い物をするときは、意識的になりましょう

部屋の中を見回してみましょう。たくさん物がありますね。それらの中に、「これって、いつ買ったんだっけ？」「どうしてこんな物を買ってしまったのだろう？」。そんなふうに思う物はありませんか。

たいして欲しいと思ったわけでもないのに、つい買ってしまう。この行為こそ、もっとも不毛なお金の使い方です。

ただその場の雰囲気で、よく考えもしないで買った物に愛情は宿りません。そんな物に囲まれて、はたして幸せを感じることができるでしょうか。答えは否です。

25日

心から自分の好きなことをやりましょう

「自分のやりたいことがみつからない」「何をすればいいのかがわからない」。そんな悩みを持つ人がいます。そういう人に私は言います。「あなたが心から好きだと思えることをすればいいのですよ」と。

これは、自由気ままに好きなことだけをして生きていけばよいということではありません。自分が好きだと思えることを、努力して高めていきましょう。

たとえ頂上までたどり着かなくてもかまわない。自分が好きだと思った山を登り続けることこそが幸せな人生なのです。

26日

とにかく百日間続けてみましょう

「三日坊主」という言葉があります。何か新しいことを始めようと思っても、三日もすれば飽きてしまう。人間とはなんとも飽きっぽい生き物です。

新しいことを始めるときは、なんとか踏ん張って百日間は続けてみましょう。

どんなことでも百日続けばそれは習慣になります。

習慣になれば、それだけであなた自身が変わっていくはずです。すると生活が変わり、充実した人生がつくられていくのです。

27日

一日の最後に「頭の大掃除」をしましょう

一日を終えて夜眠るとき、悩みごとを抱えたままベッドに入っていませんか？　眠りにつくその瞬間まで、その日にあった嫌な出来事を繰り返し思い出してしまうこともあるかもしれません。しかし、そんなことをしていると眠りが浅くなり、翌朝も元気が回復しません。

一日が終わったら、頭の中を掃除する習慣を身につけましょう。

おすすめなのは、眠る前の十分間、布団の上で坐禅を組んでみること。静かに座り、深い呼吸に集中する。頭の中の雑念が一掃されます。

28日

空を眺め、たゆたう雲に心をはせましょう

こんなに頑張っているのに、なかなか結果がでない。こんなに努力しているのに、誰も認めてくれない……。そんなときには、空に浮かぶ雲を眺めてください。雲は自分の意思で動いているわけではありません。ただ風が運んでくれるのに任せて大空を漂っています。八方ふさがりで行き場がなくなってしまったと感じるようなときは、いっそ雲のように、大きな流れに身を任せてしまいましょう。世間の風に逆らわずに、雲に乗った気分でふわふわと漂ってみることです。

29日

見栄を張るのはやめましょう

自分をもっと大きく見せたい。周りの人からよく見られたい。そんな見栄は誰もが持っているものです。

よく見られたいと努力をしたりすることはすばらしいことです。よい意味での見栄は、生きる活力にもなります。

しかし、できないことを自信満々に「できる」と言ってみたり、自分の収入に見合わない高価な物を買ったりするような空虚な見栄は、自分自身を苦しめ、疲れさせるだけです。さらに、知らず知らずのうちに相手にも伝わっているものです。

30日

自分の本音を知りましょう

周囲の人たちとは誰とでもよい人間関係を築き、表面的ではなく本音で話せる間柄にならなくてはいけない。そう思い込んでいる人がいます。

でも、もしもあなたが、その人間関係を望んでいないのなら、無理をして本音をぶつけ合う関係になる必要はありません。表面的な人間関係が必ずしも悪いわけではないのです。まず、自分がその人とどういう関係でいたいのか、自分の本音に耳を傾けましょう。この社会は案外表面的な人間関係で成り立っていることに気づいてください。

31日

自分が何を選択しているか意識しましょう

物事がうまくいかなかったとき、誰かのせいにする人がいます。自分が認められないのはあの人のせい。本当はこんな仕事などしたくなかったのに、やらせるあの人が悪いと言うのです。

こういう人は、自分自身の人生を歩んでいない人です。自分が選んだ道なのに、誰かにやらされているかのように言い訳する。

自分の人生は、自分自身が決めるしかありません。選択の権利は、すべての人に与えられています。自分が何を選択してそこにいるのか、意識的になりましょう。

2月

喫茶喫飯
（きっさきっぱん）

私たち禅僧は、一杯のお茶を飲むときにも心をお茶に集中させます。食事をするときには食事に心を集中させる。今、目の前にあることに心を尽くすこと。それが禅の教えなのです。

仕事であれ遊びであれ、今、自分の目の前にあることに心を集中させる。適当な気持ちで向き合ったり、あるいは目をそらせたりすると、心が揺れてしまいます。その結果、悩みが生じるものなのです。

1日 トイレは、使うたびに掃除しましょう

テーブルに飲み物をこぼしたり、床に食べ物をこぼしたりしたとき、そのままにしておく人はいません。すぐに拭きとるでしょう。きれいに拭きとれれば、「ああ、きれいになってよかった」と思います。そんなとき、小さなすがすがしさに包まれるでしょう。

　掃除とは、清潔にするためだけに行うものではありません。心にすがすがしさを生み出すためでもあります。トイレで用を足したら、出る前にさっとペーパーで周辺を拭く。そんな習慣を身につけることで、心のすがすがしさは積み重なっていきます。

2日 十分だけ早起きをしましょう

誰しも朝は眠いもの。仕事に行く時間ギリギリまで寝ていたいと思うのが人情でしょう。あと五分だけ……と思いながら、つい二度寝体勢に入りたくなりますが、出かける寸前まで寝ていると、その後の行動すべてに余裕がなくなって、その日一日が慌ただしいものになってしまいます。

　朝は、ほんの十分でよいですから早起きしましょう。そのくらい早起きしたって寝不足にはなりません。それよりも気持ちに余裕が生まれます。この十分が、その日一日を善きものにしてくれるのです。

節分

3日

豆をまいて鬼を退治しましょう

節《せつ》分《ぶん》とは本来季節の変わり目をいいます。昔は立春、立夏、立秋、立冬のそれぞれの前日が節分とされていましたが、室町時代に春の節分だけを指すようになりました。

季節の変わり目には悪い鬼が出てくるという言い伝えがあり、それを退治するためにするのが豆まきです。

豆をまくのは、「豆」の音が「磨滅《まめつ》」の音に近いからとされています。その年の年男、一家の主人が「鬼は外、福は内」というかけ声と共に豆をまいて鬼を退治し、終わったらそれぞれの年齢の数だけ豆を食べます。

立春

4日

旧暦の新年の始まり。春の兆しのころ

「東風《こち》凍《こおり》を解く」。東風とは春風のことを指します。暖かな春風が吹き、川や湖の氷が解け出して春の兆しがあちらこちらに現れてくるころ。それが「立春《りっしゅん》」です。

立春を過ぎてから、最初に吹く南寄りの強い風を「春一番」と呼びます。もともとは能登や志摩の漁師たちの間で使われていた言葉で、それが歳時記や新聞などで取り上げられて全国的な言葉になったといわれています。

旧暦では、この立春を迎える日から新しい年が始まります。春を感じる風を見つけてみましょう。

5日

お金はいくらあれば十分か考えましょう

お金はたくさんあればあるほうがよい。いくらあっても困らない。そんな考え方をする人がいます。

しかしこの考え方は誤っていると思います。使いきれないほどのお金を持ったとき、人はどのような心持ちになるでしょうか。おそらくそれまでよりもさらに欲望が増大し、無意味な消費に走るに違いありません。そしてその消費は、私たちの心に幸福感を与えてはくれません。

今の自分に必要なお金はいくらなのかを考える。それは、自身の人生を考えることと同じです。

6日

自分の個性を探してみましょう

自分の個性とはなんなのか。はたして、そんなものがあるのだろうか。そして、その個性は、どうすれば見つけられるのか……。自分の個性を見つけられずに迷っている人は多いようです。

個性を見つけるもっとも簡単な方法は、自分と他人とを比較しないことです。他人と比べて自分は劣っているとか、あるいは負けているとか、そんなことを考える必要はありません。自分の中の「一番」を探す。それが個性です。そのためには自分自身と真正面から向き合うことが大切です。

7日

自分の直感を信じて行動しましょう

世の中には情報があふれています。何か問題を解決する方法にしても、数えきれないほどの情報が氾濫しています。その中から自分自身で取捨選択していかなくてはならない。人生とは選択の連続なのです。

Ａにするか Ｂにするか。どうしようもなく決めきれないときには、誰かの情報を信じるのではなく、自分自身の直感を信じることです。それはすなわち、自分自身を信じるということでもあります。そうすると、たとえそれが間違った選択だったとしても、そこには納得感が生まれるはずです。

8日

身の回りの物を、何か一つ捨てましょう

たとえばクローゼットを開けたとき、そこに三十着の洋服が並んでいたとします。さすがに数が多いから、少しは処分しようとしても、三十着の半分を捨てることはなかなかできません。また、一気にそんなことをする必要もないでしょう。

まずその中から一着だけ捨ててみましょう。捨てられない人は、捨てることが悪いことだと抵抗を感じている人です。その抵抗から脱するには、捨てる行為に慣れること。まずは一つ捨ててみる。それができれば、捨てる行為に弾みがつきます。

9日 体の声に耳を傾けましょう

人間の体は、常に私たちに語りかけてくれています。たとえば、体を動かすべきか、それとも休息すべきか。今、満腹なのか空腹なのか、などです。

ところが私たちは、ついそれを無視して、体が求めていないことをしてしまいがちです。体は休息を求めているのに、それに気づかず動き続ければ病気になってしまいますし、満腹なのに余分に食べ続けて太ってしまうこともあります。体の声を顧みないのは現代人特有の傾向かもしれません。体の発する声に耳を傾けましょう。

10日 自分に本当に必要な物を見極めましょう

「質素」と「簡素」は、意味は似ていますがまったく違います。質素な暮らしとは、物に価値を求めず、価値の低い物に囲まれて暮らすことをいいます。一方、簡素な暮らしとは、自分にとって本当に大切な物だけで暮らしを形づくることです。

人は、本当に大切な物は自然と丁寧に扱うので、物も長持ちしますし、何より自分の大切な物に囲まれた暮らしは、心と体を豊かに彩ってくれます。

自分にとって本当に必要な物は何か。折りを見て見極めることが大切です。

建国記念の日

11日

人には「愛語」で語りかけましょう

私たちは言葉を通してお互いの関係を築いています。口に出さなくてもわかってくれていると思うのは傲慢《ごうまん》です。いかに長いつき合いであっても、言葉がなくてはわかり合うことはできません。

言葉は、ただ相手に伝える手段ではありません。その中に温かさや優しさがあってこそ、お互いの心はほぐれていきます。

禅の世界では、温かさと優しさを含んだ言葉を「愛語」と呼びます。

もっと言葉を大切にし、思いやりを持って愛語で語りかけましょう。

12日

お金を稼ぐ意味を考えましょう

あなたにとって仕事とはなんですか。なんのためにあなたは仕事をしているのでしょうか。もちろん一番の目的は生活のためでしょう。お金がなくては暮らしていくことはできません。

しかし、仕事はお金を稼ぐためだけのものではありません。仕事とは、その人が社会の中で与えられた役割です。たとえそれがお金にならなくても、自分の役割を果たすことはすばらしいこと。今、自分に与えられている役割とはなんだろうか。何をなすべきなのか。それを考えることが大切です。

13日

玄関をきれいに整えましょう

昔から、その家の玄関を見れば、そこに住む人のことがよくわかるといわれてきました。玄関が美しく整っている家には、清廉な暮らしを営む家族が住んでいますし、玄関に靴が散乱しているような家には、適当な生活をしている家族が住んでいます。

玄関はその家の人の心や生活を映し出す鏡です。家族の人数以上にたくさんの靴や、いつのものかわからない郵便物、宅配の荷物の山はすぐに片づけましょう。習慣にしてしまえばとても簡単。この簡単な行為の積み重ねから、美しい生活は生まれます。

14日

あらゆる「当たり前」に感謝しましょう

当たり前のように朝目覚めて、当たり前のように朝ご飯を食べ、そして当たり前のように会社に出勤していく。私たちはその当たり前に、いちいち感謝の気持ちを抱くことはありません。

しかし、もし病気やケガをしたら、その当たり前は一瞬で失われてしまいます。そう考えると、当たり前だと思っていたことがどれほど尊いことか気づくでしょう。

「当たり前」に感謝しましょう。健康や経済状態だけでなく、当たり前にそばにいてくれる家族や友人にも感謝することです。

涅槃会

15日

涅槃会《ねはんえ》は、お釈迦様が亡くなった日

この日は涅槃会といってお釈迦様が亡くなられた日です。お釈迦様の誕生日である降誕会《ごうたんえ》、悟りを開かれた成道会《じょうどうえ》と共に三仏忌と呼ばれ、お寺にとってはとても重要な日です。

朝のお勤めの後に、どのお寺も法要を営みます。大きなお寺には「涅槃図」という掛け軸があり、それをかけてお参りをします。昔は僧侶だけでなく、たくさんの人たちがこの日にお寺に足を運びました。涅槃団子と呼ばれる団子をつくり、近隣の人たちにも振る舞われました。いつも見守ってくださっているお釈迦様の存在を意識してみましょう。

16日

「私が私が」と思う心を引っ込めましょう

私たち人間には「自我」があります。「自分はこうしたい」「自分はこう考える」など、私たちはたくさんの自我を抱えて生きています。もちろんそれは生きるために必要なものですが、あまりにこれを前面に出しすぎると、そこに衝突が生まれます。

人間関係の中で生じる齟齬《そご》のほとんどは、この自我のぶつかり合いだといえるでしょう。これを避けるには、ほんの少しだけ自我を抑えて一歩引いてみることです。

譲れるところは譲ってしまう。自分自身の心が楽になりますよ。

17日

自分自身を喜ばせてあげましょう

いつも何かしらの不満を抱えている人がいます。一つの不満を解消したと思ったら、また新たな不満が湧き出てくる。不満が途切れることはありません。

どうして次々と不満が現れるのでしょう。それは、「現れる」のではなく、自分が「つくり出して」いるからです。満足や不満には、実体がありません。ある人にとっての不満は、ある人にとっての満足である場合もあります。そうであるならば、自分が満足していることに目を向ければよい。自分の心を楽しくさせてあげる、喜ばせてあげることです。

18日

台所をきれいにしましょう

毎日使う台所はいつもきれいにしておきたいものです。現代の台所は清潔ですから、簡単な掃除で美しさは保てるでしょう。では、何が台所を汚す原因になっているのか。それは食材の残りや余りでしょう。

お寺では昔から野菜などを育てて、それを僧侶が調理をしていただきます。その日に食べる分だけを収穫し、にんじんや大根の葉っぱなども調理して食べます。ですから台所にゴミは出ないのです。

食材を大切にすることが、台所の美しさにつながっていくのです。

雨水

19日

雪が解けて雨に変わり、春の兆しを感じる

立春から数えて十五日目。降ってくる雪が雨へと変わり、氷が解け始める季節が「雨水《うすい》」です。昔からこの日を目安として、農耕の準備を始めたといわれています。

畑では春キャベツが収穫を迎え、海では飛び魚が旬の季節を迎えます。飛び魚はそのままでもおいしいのですが、これを煮干しにした「あごだし」は、すっきりとした上品な味わいで人気があります。また野焼きが行われるのもこの季節です。奈良の若草山や京都の大原で行われる野焼きは春の風物詩として有名です。季節の変わり目を感じてみましょう。

20日

窓を開けて ぼんやりしてみましょう

一日の中で、何も考えずにぼーっとする時間はありますか。禅僧が無心で坐禅を組むように、何も考えない時間は心をリフレッシュさせるためにとても大切です。

たとえば会社の昼休み、ほんの五分くらいでよいので、窓を開けて外を眺めてみましょう。仕事のことは頭から追いやり、ぼんやりしたひとときを過ごすのです。自然の中に流れている空気を感じながら、静かに深呼吸をしてみてください。呼吸に集中してみると、余計なことは考えなくなります。それこそが禅的リフレッシュ法です。

21日

あえて得にならないことをしてみましょう

お寺でさい銭箱にお金を入れることを、仏教では「喜捨《きしゃ》」といいます。このお金を誰かの役に立ててください、そのためなら喜んで自分のお金を差し出しましょう。そんな思いが込められています。

喜捨の言葉の本当の意味は「自分自身が持つ執着心を捨てる」ということです。いつも自分が得になることだけに執着するのは美しい生き方とはいえません。

おさい銭は損得で考えることではありませんが、得にならないことをあえて誰かのためにするのは大事なことです。

22日

心を通わせられる友を思い浮かべましょう

あなたのスマートフォンには、何人の友達が登録されていますか？ １００人、２００人、それ以上の人もいるでしょう。それでも足りないような気がして、もっと友達を増やそうとする人もいます。でも、それは本当に「友達」でしょうか。

心許せる友とは、人生の中でそう多くできるものではありません。一人か二人いれば十分ではないでしょうか。今あなたの周りに本当の友達が何人いるか考えてみてください。それを考えることは、今のあなた自身の姿を考えることと同じです。

天皇誕生日

23日

周りの人を喜ばせましょう

喜びやうれしさというのは、誰かと分かち合えばそれだけで倍増するものです。たった一人で喜びをかみ締めることもあるでしょうが、やはり誰かと分かち合ったほうが心は豊かになります。

　周りの人たちを喜ばせたり、あるいは楽しませたりできる人とは、自らの心に不満を抱えていない人です。自分自身が満足した人生を送っているからこそ、周りの人たちへの気遣いができるのです。さっそく周りの人を喜ばせてみてください。きっと今抱えている不満が薄らいでいくはずです。

24日

朝一番に空気の入れ替えをしましょう

朝起きて、最初にすることはなんですか。人によってさまざまな習慣があるでしょうが、私がいつも勧めているのは、まずは部屋の窓を開け放つことです。

　気候のよい季節であれば当たり前にできるでしょうが、寒い季節には窓を開けた途端に冷たい風が部屋の中に入って縮みあがりそう。なかなか気が進まないかもしれません。

　しかし、あえてその空気を全身で浴びてみるのです。新鮮な空気を胸いっぱい吸い込み、新しい一日を新しい気持ちでスタートさせましょう。

25日

部屋に花を飾りましょう

部屋に花を飾りたいと思っている人は多いでしょう。しかし実際に花屋さんで買い求め、花瓶を出して飾ったり、その後の手入れをしたりするのはおっくう……。そう考える人も多いものです。

　しかし、部屋の中に一輪でも花があると、心は不思議なくらい落ち着きます。意識しなくとも、花が目に入ることで心が洗われるのです。

　きれいで生命力あふれる花を見て、その日にあった嫌なことやモヤモヤを忘れることもできます。花のある暮らしを習慣づけてみてはいかがでしょう。

26日

自分にとっての無駄遣いを見直しましょう

お金をどう使うか、気にかけてみたことはあるでしょうか。何にお金をかけ、何を節約するか。お金に対する考え方はいろいろです。お金に対する考え方は、その人の生き方を表わすといっても過言ではありません。

　人生に無駄なことはたくさんあります。その無駄が人生を豊かにしたり、将来役に立ったりすることもありますが、明らかになんの役にも立たなかったり、人生を台無しにしたりする無駄もあります。自分にとって何が無駄遣いで何が無駄遣いでないかを考えることは、人生を見つめ直すことでもあります。

27日

夜は何も考えずに眠りましょう

人間とは不思議なもので、昼間の明るいときには気にならなかったことでも、夜の暗闇に包まれた途端に不安感が押し寄せ、どうしようもなく気になってくることがあります。

はっきりとした原因もないのに、夕方になると泣き出す赤ん坊も多くいます。「たそがれ泣き」というのだそうです。ある学者によれば、これは本能的に人間が暗闇を恐れているからだとか。

大人になってもその本質は変わりません。夜はいろいろ考えごとをせず、何も考えないと決めて眠ることです。

28日

自分が得意なことに目を向けましょう

人には誰でも得手・不得手があります。得意なことがまったくないという人もいませんし、不得意なことがまったくない人もいません。だからこそ、自分が得意なことを見つけ出し、そこを伸ばしていく。それが人生を充実させる方法です。

たとえ自分の得意なことが社会の中で高い評価を得られなかったとしても、気にする必要はありません。それはそれでいいのです。高い評価を得ることだけが人生の目的ではないからです。人生の目的とは、自分の生き方を見つけることです。

3月

一期一会
（いちごいちえ）

「一期」とは人間の一生のこと。「一会」とは一度きりの出会いを表わしています。

この世は常に移ろいでいます。過ぎ去った瞬間は二度とは戻ってきません。今日出会った人とは、もう二度と会うことはないかもしれない。一つの出会いに後悔しないように、一会を大事にすることです。

それは実際の出会いばかりではありません。たとえばふと両親のことを思い出すことがあります。「元気でいるだろうか」と。その気持ちをやり過ごしてしまうのではなく、その場で電話をかけ、気持ちを伝えることが大事なのです。

1日 嫌な思い出は早く忘れましょう

「あの人のことは絶対に許さない」「あのとき、あの人から言われた言葉を一生忘れない」。そんなふうに、過去に人にされた嫌なこと、言われた嫌な言葉の記憶を後生大事に持ち続けている人がいます。

つらい思い出は、なるべく早く記憶から追い出してしまいましょう。忘れてしまえばよいのです。

嫌な人間の嫌な思い出に縛られて生きることほど無駄なことはありません。

自分の記憶からその人間を追い出すことは、その人を許すことと同じです。

2日 両親に感謝をしましょう

両親に感謝をするのは当たり前。そう思える人は、きっと両親とよい関係を築けている人たちです。しかし現実に目を向けてみると、世間のすべての親子関係が良好だとは限りません。親との関係が悪く、よい思い出もない。できることなら縁を切ってしまいたい。そう思う人もいるでしょう。親子関係は深く近しいだけに、うまくいかないときは負の感情が増大するものです。

しかし、これだけは忘れてはいけません。今、自分がこうして生きているのは、両親がいてくれたおかげだということを。

桃の節句

3日

ひな祭りには、はまぐりのお吸い物

現在の暦で三月三日というと、まだ花はつぼみの季節ですが、旧暦の三月三日は新暦の四月上旬にあたります。ちょうど桃の花が咲くころで、「桃《もも》の節句《せっく》（ひなまつり）」とも呼ばれます。

女の子の健康と成長を祈るひな祭りには、古くからはまぐりのお吸い物をいただくのが習わしです。二枚貝であるはまぐりの貝殻は、対の物以外は決してかみ合いません。生涯一人の人と添い遂げる。そんな願いを込めて、はまぐりは夫婦和合の象徴とされました。結婚式にも欠かせない縁起物となっています。

4日

バッグを整理して数を絞りましょう

多くの女性はなぜかバッグが好きなようです。すでにたくさん持っているのに、新しい物を見るとまた欲しくなる。そしてクローゼットには、使われていないバッグがどんどん増えていく。

知り合いの女性に、バッグは三つしか持たないという人がいます。長く仕事のキャリアを積んできた人で、仕事用のバッグ、オフの日のお出かけ用のバッグ、そして日常使いの三つ。それで十分なのだとか。バッグの数を見直してみることで、朝迷ったり、忘れ物をしたりすることがなくなりますよ。

5日

植物が芽吹き、生き物が動き出すころ

春の陽気に誘われて、冬ごもりしていた虫たちが土の中から姿を現す。一雨ごとに春が近づいてくる。「啓蟄《けいちつ》」はそんな季節です。

この季節の旬は、わらびやゼンマイ。魚では「魚へんに春」と書くさわらは、文字通り春の魚として昔から愛されてきました。生はもちろん、煮物や焼き物にして、とくに冠婚葬祭の場で提供されていました。一般的に魚は頭のほうがおいしいとされていますが、さわらに関しては反対で、尻尾のほうが味がよいといわれています。食卓で味わってみてはいかがでしょう。

6日

公園や道端の緑に目を向けてみましょう

日々の生活の中で、イライラしたり、ストレスを抱えたりすることはよくあります。でもそんな毎日が続くと、いつの間にか目先のことや、差し迫ったものしか目に入らない状態に陥ります。それではますます心を痛めつけてしまうことになりかねません。

そんなときこそ意識して自然に目を向けましょう。わざわざ海や山などに出かける必要はありません。道端の草木や公園の木々を眺めるだけでもよいのです。自然に目を向けることで、ほんの少しでも現実から心をそらす時間を持つことができます。

7日 頑張った自分を褒めましょう

頑張って成果を出せば、会社の上司や同僚から褒められ、評価も上がります。もちろん、それを目標に頑張るのは悪いことではありませんが、他人の評価ばかりを気にしすぎると、やがて誰かに評価されること自体が目的になってしまいます。

頑張ったことに対するご褒美は、他人からもらうものではなく、自分が自分にあげるものです。頑張ったなと思ったら、誰かからの評価を期待する前に、まず自分で自分を褒める。それが積み重なると、他人の評価に振り回されない真の自信になっていきます。

8日 相手の話をしっかりと聞きましょう

人の考え方や価値観は、それこそ十人十色です。あなたはこう言いますが、私はこう考える。その食い違いが誤解や対立を生む原因となります。

もちろん仕事の進め方などには明確な答えが必要ですが、ほとんどのことはあえて答えを出す必要はありません。要するにどちらでもよい。あなたの考えでもよいし、少し違っているけれど、私の考えでもよい。

自分の考えを相手に押しつけず、相手の話をよく聞く。主張し合うのではなく、理解し合うことが大切です。

9日 何か新しいことに挑戦してみましょう

ある緩和ケアの医師が、死を迎えようとする人たちに聞きました。「あなたの人生で後悔することはなんですか？」と。その答えの中でもっとも多かったのは、「挑戦しなかったこと」だったそうです。

やってみたいけれど、どうせ自分にはできないだろう。挑戦して失敗したら嫌だからやめておこう。そう考えているうちに、私たちはどんどん年を取っていきます。そして死ぬ間際に後悔する。「思い切ってやってみればよかった」と。いくつになっても新しいことに挑戦する気持ちを失ってはいけません。

10日 冷蔵庫を小さくすることを考えましょう

冷蔵庫を開けると、そこには隙間なく食材が詰まっています。冷凍室にも冷凍食品がいっぱい。奥のほうからは、とっくに賞味期限が切れた物がいくつも出てくる……。

子育てで忙しかったころ、大人数の家族だったころにはそれも仕方なかったかもしれませんが、夫婦二人の生活や一人暮らしなどになったら、小さな冷蔵庫に買い替えてみるのはどうでしょう。その日食べる分だけの食材を入れておけば、冷蔵庫の中はいつもすっきりします。冷蔵庫を整理すると、不思議と気持ちもすっきりしてきます。

11日

腹八分目を心がけましょう

「食べ放題」や「バイキング」の言葉につられて、たくさんの人が店に足を運びます。中には、すでにお腹はいっぱいなのに、せっかく食べ放題に来たのだから、と無理をして食べる人もいます。どうしてそんなに自分の体をいじめるようなことをするのでしょう。不思議で仕方ありません。

「腹八分」という言葉があります。それくらいで収めておくのが体にとってちょうどよいということです。それとてせいぜい四十歳くらいまで。五十歳を過ぎたら「腹六〜七分」くらいでよいのです。

12日

衝動買いをやめましょう

街を歩いていたら素敵な商品が目に留まり、欲しくて仕方がなくなってしまった。その衝動に駆られて、後先考えずに買ってしまう。そんな経験はありませんか？

こんな習慣が部屋に物をあふれさせます。

欲しい物が目に留まっても、すぐに買わずにいったん家に帰ってよく考える。それでも欲しければ、もう一度出直して買いに行く。そんな習慣を身につけましょう。

欲しいと思った物の八割は、数日後にはもうたいして魅力的ではなくなっている。物欲とはそういうものです。

13日

「あいまいな正しさ」を認めましょう

「正しさ」とはいったいなんでしょうか。もちろん法律的な正しさや、良識から見た正しさというものはあります。それらは誰から見ても正しいものでしょう。

しかし、世の中にはあいまいな正しさも存在しています。たとえばけんかばかりしている恋人と別れることが正しいのか、我慢してでも関係を維持するほうが正しいのか。それはどちらが正解ともいえません。とくに人間関係ではあいまいな正しさがたくさんあります。それらにいちいち白黒はっきりさせようとする必要はないのです。

14日

自分の思いを押しつけるのはやめましょう

漠然とではあるかもしれませんが、誰しも自らの人生設計を持っていると思います。たとえば、ある程度の年齢になったら結婚し、子どもを二人もうけ、四十歳くらいで家を建てる……というように。人生を見据え、目標を持つことはもちろん大切ですが、それを人に押しつけてはいけません。

たとえ配偶者であっても、それぞれの思いというものがあります。理想や思いは押しつけ合うものではなく、確かめ合い、尊重し合うものです。誰にも自分の人生があり、それぞれの思いと共に歩んでいくものなのですから。

15日

雑巾で拭き掃除をしましょう

かつて掃除といえば、雑巾を絞って床を拭いたものです。しかし、掃除機の出現によって、掃除はとても楽なものになりました。最近ではロボット掃除機なども登場し、スイッチ一つで勝手にロボットが掃除をすませてくれるようになりました。それはすばらしいことでもあるでしょう。

　しかし、いかにロボットでも掃除ができない場所があります。テーブルの上やデスク周り、棚の上。そんなロボットの手が行き届かない場所は、ぜひ雑巾で拭き掃除してください。気分がすがすがしくなりますよ。

16日

平日にも散歩を楽しみましょう

休日に散歩を楽しむ人も多いでしょう。のんびりと公園などを散歩するだけでも、日ごろのストレスが少し和らいだり、気分転換になったりするものです。

　散歩には、せっかくこんなプラス作用があるのですから、休日だけでなくウイークデーにも取り入れてはいかがでしょう。仕事の帰りに一つ手前の駅で降りて歩いてみる。ランチタイムに、少し足を延ばしていつもとは違う店に食べに行ってみる。こうしたちょっとした日常の変化が、思った以上に心を潤してくれます。

17日

先延ばしにしていることを今始めましょう

「禅《ぜん》即行動《そくこうどう》」という禅語があります。何かをやろうと思ったり、今やるべきだと考えたりしたら、あれこれ考えすぎる前に、即行動を起こしなさいという意味です。考えてばかりいると迷いが出てきて、行動に移せなくなります。まずは行動してみること。禅ではそのことを重視しています。

あなたには、今先延ばしにしていることがありませんか。いずれやらなくてはいけないことは、先延ばしにしないですぐに始めましょう。最初の一歩を踏み出せば、意外と楽に進められるものです。

彼岸の入り

18日

感謝の気持ちを表しましょう

彼岸の中日《ちゅうにち》は春分の日ですが、それを中心にはさんだ前後六日間は、僧侶にとってとても大事な日です。この六日間で「六波羅《ろくはら》蜜《みつ》」という修行を行います。

まず一日目は「布施」という修行です。布施とは「与える」という意味で、感謝の気持ちを持って相手に何かを施すことをいいます。感謝の印として物を贈ることもありますが、形あるものばかりが布施ではありません。相手に対して笑顔で接したり、いつもの感謝の言葉を伝えたりする。それもまた布施の心です。

19日

世の中の決まりを守りましょう

「六波羅蜜」修行の二日目は「持戒《じかい》」です。「戒」とは戒めや決まりを意味します。

自らが持つ欲望や自我を戒めながら生きること。そして世の中の決まりごとをしっかりと守りながら生きること。これは当たり前のようにも思えるかもしれませんが、実はもっともむずかしいことかもしれません。自分で自分のことを戒める。それはなかなかできないことです。決まりごとだとわかっていても、ついそれを破ってしまうこともあるものです。今日は自らの生活を見直してみてはどうでしょう。

20日

人に対して寛容でありましょう

「六波羅蜜」修行の三日目は「忍辱《にんにく》」で、「忍耐」を意味しています。これはただ表面的なことを我慢するという意味ではなく、精神的な忍耐を指しています。

たとえば人に対して寛容であることを心がける。ときに腹の立つこともあれば、嫌だと思う相手もいるものです。しかしそういう相手にさえも寛容になるように修行するのです。

悲しみや苦しみに対しても耐え忍ぶ強さを身につけることです。どんな大きな悲しみも、必ず癒やされるときがくる。それを信じる心もまた忍辱です。

春分の日

21日 冬と春の境目の日

昼と夜の時間が同じになるのが「春分《しゅんぶん》」の日です。この日を境として、ゆっくりと昼の時間が長くなっていきます。

さて、春分の日にいただく「ぼた餅」ですが、これを秋は「おはぎ」と呼びます。この二つは同じ物なのですが、春と秋では呼び方を変えます。昔は小豆をこしあんにしたのが「ぼた餅」で、そのまま粒あんにしたのが「おはぎ」とされていました。また春は「牡丹《ぼたん》」、秋は「萩」に見立てて名前がつけられたという説もあります。日本語には美しい季節感が盛り込まれています。

22日 目の前のことに心を尽くし、励みましょう

彼岸の中日、春分をはさみ、「六波羅蜜」修行の四日目は「精進《しょうじん》」です。いろいろなことに対して最善を尽くすこと。おごることなく目の前のことに一生懸命に心を尽くし、努力を積み重ねていく。そういう心構えを表わすのが「精進」です。

物事がうまく運んだり、自分の思い通りになったりするとき、そういうときにこそ、人間の生き方が現れます。喜びに浮かれて浮き足立ってしまうか、それともさらなる精進を心がけるか。それは大きな違いです。

23日

いつも穏やかで安定した心でいましょう

「六波羅蜜」修行の五日目は「禅定《ぜんじょう》」。精神統一を意味します。何が起きようと、どんな場面になろうと、心を落ち着かせること。動揺することなく、周りに流されずに、いつも穏やかで安定した心でいること。それが禅定です。

しかし、まったく動じない人間などいません。ただ私たち禅僧は、その心の揺れをできる限り少なくすべく修行を重ねています。禅僧のように修行をしなくても、日ごろから自らの心を落ち着かせる意識を持つことは大切です。心の動揺はさまざまなマイナスを生み出すからです。

彼岸の明け

24日

常に物事をまっすぐに見ましょう

「六波羅蜜」修行の六日目は「智慧《ちえ》」。深い洞察力のことです。単なる知識を積み重ねることでも、既成の考え方にとらわれるのでもなく、常に物事をまっすぐに見る力をつけることです。この智慧があってこそ高僧と称されます。

禅僧は修行として常に「六波羅蜜」を意識しながら過ごしていますが、禅僧だけではなく、誰もが少しこれらを意識してみるだけで、日常の振る舞いが変わるものです。

彼岸は自分自身を顧みる期間でもあるのです。

25日

過剰なストックはやめましょう

日ごろから日用品や食品などを過剰にストックする人がいます。ティッシュや洗剤、冷凍食品、そしてキッチンの棚には使いきれないほどの調味料がストックされている。そういう人はストックを管理しきれずに、持っていることを忘れて、また同じ物を買ってきてしまうものです。それはまったく無駄なこと。「いざというときのために」と言いますが、その「いざ」とはいつのことでしょう。ストックすることで小さな不安を解消するのではなく、日々の生活を満たすことを考えるほうが先決です。

26日

「野菜だけを食べる日」をつくりましょう

私たち禅僧は、元来肉や魚は食べてはいけないことになっています。現代社会でそれを実現するのはむずかしいので、家族と一緒に取る食事は同じ物を食べています。しかし、基本的には野菜中心の食生活を意識して、長いこと続けています。この食生活のおかげで、私は風邪などを含めてほとんど病気をしたことがありません。

通常の生活で肉や魚をとらないことはむずかしいかもしれませんが、せめて休みの日には「野菜だけを食べる日」をつくってみると、思いがけず体調が整うことでしょう。

27日

人に喜んでもらえることをしましょう

人間には、ただ誰かのために尽くしたい、損得を考えず他人の喜びのために尽くしたいという心が備わっています。人から喜ばれることは、人間の本能として生きる喜びにつながっているからです。

小さなことでもよいですから、人に笑顔になってもらえること、喜んでもらえることをやってみましょう。はからずも感謝をされると、人の喜びが自分の喜びとなります。そして「やらせていただいた」というすがすがしい謙虚な気持ちになり、心が満たされるものです。

28日

悩みを書き出してみましょう

今、悩みはありますか？　その悩みはおそらくあなただけの悩みではありません。悩みを人に打ち明けてみるとわかりますが、誰もが同じような悩みを抱えているものです。だから人は共感し合うことができるのです。

悩みを書き出してみましょう。そうすると、それらの悩みを解決しようとしたとき、きっと誰かの役に立つことでしょう。あなたが悩みを解決しようとするとき、誰かをも助けることになると考えてみましょう。すると新たな解決方法、アイデアが生まれてくるものです。

29日

今あるご縁に感謝しましょう

縁というものがあります。縁があるとか、縁遠いなどという言い方もありますが、仏教では、縁というものは、すべての人に平等に流れてくると考えられています。

自分に流れてくる縁を結ぶのか、それとも見逃してしまうのか、はたまたあえて結ばないようにするのか。それを決めるのは自分自身です。

縁の有無を誰かのせいにしてはいけません。縁を結ぶも逃すも自分次第。流れてくる縁に感謝の気持ちを持ち、そしてその縁をしっかりと見極めながら、どうするのかを自分の心で決めることです。

30日

坐禅をしてみましょう

私が住職を務める建功寺で開催している日曜坐禅会には、たくさんの人々が参加してくれていましたが、現在ではコロナのため休止中です。しかし当時参加されていた人たちの帰られるときの顔はとてもすがすがしいものでした。お寺に足を運ばなくても、坐禅は家でもできます。静かに座って、丹田（おへその七・五センチほど下）を意識しながら、ゆったりと呼吸をする。あれこれと頭に浮かんでくるものも、その場にとどめることなくすーっと受け流す。それだけのことで心はすっきりとしてくるものです。

31日

最低限の荷物で出かけてみましょう

私は外出をするとき、不要な物は一切持ち歩きません。住職として必要な物、その日の仕事で使う物、それ以外の物は置いていきます。雨が降る予報が出ていても、出かけるときに雨が降っていなければ傘も持っていきません。もしも途中で雨が降りだしたら、どこかで雨宿りをすればよい。その雨宿りの時間を楽しんでしまえばよい。そんな心持ちです。

必要な物を最低限だけ持って出かけることで、その日の目的に集中することができる。わざわざ気が散るような物を持ち歩かないことです。

4月

柔軟心（にゅうなんしん）

私たちは何かを判断するときに、自分自身の価値観や都合によって考えます。要するに、自分中心でいろいろなものを見て、自分の都合で進めようとしている。これが自我（我欲）というものです。

欲を持つことは、決して悪いことではありません。意欲がなければ自身の人生はわからなくなるでしょう。

しかし、あまりにも自我（我欲）にとらわれすぎると執着心や偏見が生まれ、人生を生きづらくしてしまいます。柔軟でとらわれない心を保つことが大切なのです。

1日 デスクの上を整理しましょう

職場の人たちのデスクを見れば、仕事ができる人かできない人かが一目瞭然でわかります。デスクが整理されているかどうか。それはすなわち、その人の頭の中が整理されているかどうかと同じです。

仕事ができる人を見ていると、会社から帰るときに、明日朝一番に取りかかるべき仕事の書類をきっちりと整えています。翌日の朝に出社して自分のデスクを見れば、その日にやるべき仕事がすぐわかる。そして、すぐに取りかかることができます。この習慣を続けることが評価につながります。

2日 食事を十分に味わいましょう

一日三回の食事。あなたは昨日の食事をすべて覚えていますか。その味をしっかりと覚えていますか。じっくりと味わうことをしないで、ただ目の前の食物を機械的に惰性で口に運ぶだけ。こういった行為が食べ過ぎの原因になるのです。

食事をしっかりと味わうためには、一口ごとにお箸を置くことです。食べ物を口に入れたら、お箸を置いてかむことに集中し、次から次へと口に入れない。そうすることでじっくりと味わうことができますし、満腹感も得ることができます。

3日

自分が満足できる貯金額を見極めましょう

老後にはこれだけの貯金が必要だ。家を買うためにはこれだけ資金が必要だ。世間では具体的な金額が次々と示されています。それだけのお金を持っていない人は、自分のこれからの人生は大丈夫だろうかと、たちまち不安に襲われます。

　しかし、いったいいくら貯めれば安心できるのでしょうか。その答えなどありません。貯めれば貯めるほど心配になる人もいれば、少ない金額で安心している人もいます。大事なことは、いくらあれば安心かではなく、自分がどこで満足するかです。

4日

帰宅後はスマホの電源を切りましょう

企業に勤めている私と同世代の友人が、こんなことをつぶやいていました。「僕が若かったころ、地方出張に行くと、夕方会社に報告の電話をしたあとは、まったく自由な時間だった。ところが今では地方出張でもゆったり酒を飲むこともできない。常にスマホに見張られているからね」と。

　緊急時のために、常にスマホの電源は入れておかなければならないのです。しかし、緊急の連絡とはいったいどのようなものでしょうか。

　せめて今日の帰宅後は、スマホの電源を切って過ごしましょう。

清明

5日

青く空が晴れ渡り、生き物が活気づくころ

生きとし生けるすべての物が清らかで、生き生きと輝きを放つ季節、それが「清《せい》明《めい》」です。若葉が萌《も》え、美しい花々が咲き、鳥たちが舞い踊る季節。外を歩いているだけで心がうきうきしてくる時期です。

このころに旬を迎えるのが初がつおです。かつおがおいしい時期は一年に二度あります。まずは初がつおの春。そして戻りがつおといわれる秋です。春は脂が少なくて、さっぱりとした味わいですから、たたきで、脂が乗ってトロかつおとも呼ばれる秋のかつおは刺身でいただくのが美味と言われています。

6日

見栄を張らなくてよい人とつき合いましょう

友達から誘われる週に一度のランチ。それも値段は三千円。その一方で、家では慎ましい食事をしている。そんな自分をなんか後ろめたいと感じたり、お金がもったいないと思ったり。でもお金がないと思われるのも嫌だし……。そんなふうに思ったことはないでしょうか。

そういう見栄は捨て去ることです。もし断ることで仲間外れにされるのなら、それでもよいではないですか。そういう人とは縁がなかったと思えばよいのです。五百円のランチに行こうと言う仲間はきっと近くにいるはずです。

7日

朝起きたらお茶を入れて飲みましょう

朝起きたときには水分を取ったほうがよい。これはみな知っていることですし、実際に実行している人も多いでしょう。しかし、多くの人は冷蔵庫からペットボトルを取り出し、さっと飲むだけではないでしょうか。

朝はお湯を沸かして茶葉を急須に入れ、湯を注いで丁寧においしいお茶を入れて飲んでみましょう。忙しい朝からそんなことをしている時間はない。そう思われるでしょうが、忙しい朝だからこそ意味があるのです。忙しさに心を奪われないためにも、朝、お茶を入れて飲むのは有効です。

降誕会（灌仏会・花祭り）8日

お釈迦様の誕生日

この日はお釈迦様が生まれたお誕生日——降誕会《ごうたんえ》（灌仏会《かんぶつえ》）です。仏教徒にとってはとても大切な日で、私たち僧侶は、「花祭り」としてお祝いをします。

お釈迦様といえば、生まれてすぐに七歩歩き、右手で天を、左手で地を指し、「天上天下《てんじょうてんげ》唯我《ゆいが》独尊《どくそん》」と言ったというのは有名な話ですが、そのとき竜王が天から甘露の雨を降らせたとの伝承があります。お釈迦様が生まれたときを再現した花御堂《はなみどう》に甘茶をかけるのは、それが起源です。花祭りにはお気に入りのお茶で一服してみましょう。

9日

五感で季節の移ろいを味わいましょう

どんなに世の中や社会が変わろうとも、絶対に変わらないものがこの世の中にはあります。それが季節の移ろいというものです。春になれば草花が芽吹き、秋になれば葉は散っていく。夏の日差しは厳しく、真冬の湧水は冷たい。これこそが仏教でいうところの「真理」です。

季節を感じることで、私たちは生きている実感を持つことができます。いつも変わらないものに目を向けることで、私たちの心は癒やされます。今日は五感を働かせて全身で季節を味わってみましょう。

10日

「お金がない」という口癖は直しましょう

口癖のように「お金がない」「お金が足りない」と言う人がいます。しかし、案外そういう人ほど、それなりにお金を持っているものです。本当にお金がなくて明日の暮らしにも困っているようであれば、文句を言っている暇もないはずです。

「お金がない」が口癖の人は、欲しい物がたくさんありすぎて、何を選び、何を諦めればよいのかの優先順位がつけられない優柔不断な人です。口癖を直すのは一朝一夕にはいきませんが、言いそうになったら口をつぐむ作戦で一日を過ごしましょう。

11日

「足る」を知りましょう

禅の言葉に、「知足《ちそく》」というものがあります。「足るを知る」という意味です。

私たちにはたくさんの欲望がありますが、それをすべて手に入れたとしても満足するわけではなく、また新たに欲しい物が生まれてきます。この繰り返しが心を貧しくします。

自分はもうこれだけで十分に足りている。それがたとえ少なくても自分の心は満足している。こう考えることで人生はとても生きやすくなります。今日は、「あれもない、これもない」ではなく「私にはあれもある、これもある」と感謝して過ごしましょう。

12日

物事を自覚的に選択しましょう

人生とは選択の連続です。今度の休日にはどこに行くかといった軽い選択から、どんな仕事に就くかという大きな選択まで、私たちは常に判断を迫られています。その選択にはよかったと思えることもあれば、失敗したなと後悔することもあるでしょう。

大切なことは、すべての選択を誰かのせいにしないことです。人生でいつも迷っている人とは、すなわち自分自身で選択をしない人です。

何かを選ぶときには自覚的になる。ほんの小さなことからで大丈夫です。選ぶことに意識的な一日にしましょう。

13日

思いを手紙で伝えましょう

最近、手紙を書いていますか。メールなどの通信手段が中心となり、今やすっかり手紙を書かなくなりました。もちろん単純な連絡事項などはメールで十分です。スピードもそのほうが速い。でも、心の中に抱いている「思い」というものは、なかなかメールでは伝えられません。伝えたいことを自分の中でよく考えて、言葉を丁寧に選び、自分の手で紙に書く。こうした作業が自分自身の気持ちを再確認させてくれたり、落ち着かせてくれたりするのです。特別な用事がなくても手紙を書いてみると、心の発見があるかもしれません。

14日

あえて孤独な時間をつくりましょう

ひと昔前までは、誰もが一人きりで誰ともつながらない孤独な時間を持っていました。たとえば通勤電車の中や、駅から自宅までの間などです。

人間には、誰かと一緒に過ごす時間、そして自分一人だけで過ごす時間の二つの時間が必要です。この二つがあってこそ、心のバランスが保てます。

孤独とは悪いことではなく、人間にとって必要な時間です。今日一日、通勤時間や夜寝る前のちょっとした時間はスマホを手放し、あえて孤独な時間をつくってみましょう。

15日

物を慈しみ、丁寧に扱いましょう

私たち禅僧は、修行時代から物を大切にする心を養ってきました。毎日着ている作《さ》務《む》衣《え》などがほつれたり破れたりしても、すぐには捨てません。できる限り繕い直して長く使うようにしています。それは単にもったいないということだけではありません。禅僧たちは、作務衣のほつれを直しながら、自分自身の心のほつれを直しているのです。

今あなたが持っている物。それらは縁があってあなたのところに来てくれたのです。今日は持ち物を慈しみ、丁寧に扱う一日にしてみてください。

16日

大切な人に尽くしましょう

「幸せになりたい」とは誰しもが願うことです。しかし、自分一人だけが幸せになればよいということはありません。自分が幸せになるには、自分に関わってくれる周りの人たちすべてが幸せにならなければ、本当の幸せを感じられないからです。幸せは一人だけで感じることはできないのです。

幸せになりたいと思うなら、まずは自分の大切な人たちのために尽くしましょう。家族や友人、そしてパートナー。その人たちが幸せになるように心を砕くのです。その気持ちは何倍にもなって返ってきます。

春土用入り

17日

「い」のつく食べ物で体をいたわりましょう

春夏秋冬それぞれにある土用のうち、春の土用は旧暦の三月。新暦では四月十七日から五月四日の期間をいいます。春土用《はるどよう》は、新しい年を迎えてからこの日までにたまった疲れを癒やす日とされています。いんげんやいちごなど、「い」のつく食べ物を食べ、ゆっくりとした日々を過ごしましょう。

またこの日は、土いじりを始めるのがよいとされています。家庭菜園などをやっている人であれば、今日から庭の手入れを始めましょう。夏野菜を育てる準備をするにも最適な時期です。

18日

帰宅後、即テレビをつけるのはやめましょう

家に帰ると、習慣のようにテレビのスイッチを入れる人がいます。とくに見たい番組があるわけではないのに、とりあえずテレビをつける。家族と食事をしているときにも、なんとなくテレビを見ながら食べている。夜寝るまでつけっぱなしの人もいます。テレビがついていると、家族の目が合うことはありません。そんな習慣がついてしまうと、集中力にも欠けるようになるでしょうし、人間関係の機微にも疎くなってしまうでしょう。今日から帰宅後に即テレビをつける習慣をやめてみましょう。

19日

世間の常識を疑ってみましょう

世の中には「常識」というものがあります。たとえば、お金がないと幸せになれない、学歴は高いほうがよい、ある程度の年齢になったら結婚するもの……。それらの常識はいったい誰が決めたのでしょうか。

世間の言う常識が必ずしも正しいとは限りません。その通りにしていれば幸せになれるというわけでもありません。

常識を一度、疑ってみましょう。見直してみて、自分に合わないと感じるのであるならば、あなたが選ぶ道こそが、あなた自身の「常識」です。

穀雨

20日

草花や穀物の成長を促す春雨の降るころ

穀物を潤してくれる春の雨が降るころ。それが「穀雨《こくう》」です。この時期に降る雨にはさまざまな名前がつけられています。草木を潤す雨は「甘雨《かんう》」。春の長雨は「春霖《しゅんりん》」。菜の花が咲くころに降る雨は「菜種梅雨《なたねづゆ》」と呼ばれています。どれも風流な呼び方です。

この時期に旬を迎えるのはゴボウです。もともと中国から薬草として入ってきましたが、食材として定着しました。しかし薬草といわれるだけに、食物繊維がたっぷりでしかも低カロリー。生活習慣病にはもってこいの食材です。今日の食事に取り入れてみてはどうでしょう。

21日 つばめの巣を探してみましょう

住宅や店の軒下などにこしらえられたつばめの巣に、大きな口を開けてエサをねだっているヒナの姿を見たことがありませんか。冬の間、暖かな東南アジアなどで過ごしたつばめは、春になると数千キロの海を渡って毎年日本にやってきます。不思議なもので、ほぼ同じ場所に巣をつくり、夫婦で巣をつくって子育てをします。

昔から、つばめが巣をつくるとその家には幸せが訪れるとか、商売が繁盛するといわれています。今日はそんな幸せを運んでくれるつばめの巣を探してみましょう。

22日 与えられた役割に目を向けましょう

最近では男性も積極的に育児を受け持つようになってきましたが、それでも子育ての多くを担うのは女性でしょう。そんな日々の中で、なぜ私だけが子育てをしなければならないのか、早く仕事に復帰しなければキャリアが台無しになる……などと焦りに襲われる人もいます。

子育ては永遠に続くものではありません。そして、人には誰しも、自分に与えられた役割をまっとうすべき時期というものがあるのです。

とりあえず今日、今、何をすべきなのか、与えられた役割を再確認してみましょう。

23日 ときには流れに身を任せてみましょう

世の中の流れや状況に身を任せてみることは、一見、怠惰に思えるかもしれませんが、決して悪いことではありません。なぜなら、やみくもに大きな流れに逆らっても、物事は進まないからです。ときには流されて生きることも大事なのです。

ただし、それは他人の考えをうのみにしたり、惰性で流されたりすることではありません。自分の判断で流されてみるのです。

流れに任せてみることで、我を通していたがために見えなかったことが見えることもあるものです。

24日 自分の機嫌は自分でとりましょう

私たちは、常に喜怒哀楽の感情の中で生きています。たった今まで楽しい気分だったのに、ちょっとしたきっかけで憂うつになったり、腹が立ったりして不機嫌になる。そしてその不機嫌さの原因を、誰かのせいにしてしまいがちです。

しかし、誰かのせいにしたところで、その不機嫌さが解決するわけではありません。自分の機嫌の悪さを解決できるのは自分だけ。憂うつな気分はさっと流して気分を立て直す。自分の機嫌は責任を持って自分でコントロールするのが大人のたしなみです。

25日

縁が切れることも知りましょう

自分を取り巻く人間関係の中に、縁を切りたい人がいるかもしれません。しかし、友達関係ならまだしも、仕事の人間関係だとそう簡単に縁を切るわけにはいきません。それがストレスになってしまっている人も多いでしょう。

そういう縁は、わざわざ事を起こさなくてもいずれ切れるものです。上司も同僚も取引先も、たとえば異動するなどして去っていくものだからです。人間関係というものは、実は自分が行動を起こさずにいれば、いずれ消えてしまうものばかりなのです。

26日

知識を蓄積するより五感を磨きましょう

人間には知識と知恵の二つがあります。どちらも生きて行くうえで重要で大切ですが、現代社会では知識ばかりが重要視されているような気がしてなりません。

私たち人間には五感というものが与えられています。物事を感知する感覚です。知識も大切ですが、それにばかり頼るのではなく五感を磨くのです。科学的にデータを分析した気象予報よりも、五十年も海で仕事をしてきた漁師の感覚のほうが正確な場合があります。それは人間の本能ともいえます。五感をフルに研ぎ澄ませましょう。

27日

まずは一歩だけでも行動を起こしましょう

いつか楽器の演奏を習いたい。落ち着いたら憧れの海外に行ってみたい。こんな話を繰り返す人がいます。やりたいことはあるけど今は無理。年を取って余裕ができたらやろう、と。しかし、こういう人は結局やりたいことをやらずに終わるでしょう。

なぜなら、それは本心からやりたいとは思っていないからです。本当にやりたいことは、今すぐ行動できるものです。

やりたいことは、わずかでもいいのですぐに行動に移す。行動することでしか、現実にはならないのです。

28日

「楽しいこと」を探しましょう

毎日がつまらなくて楽しいことが何もないと嘆く人がいます。そういう人に私が言いたいのは、万人が楽しいことなど、この世にはないということです。誰かにとって楽しいことが、ほかの誰かにとってはつまらないというのはよくあります。楽しいか楽しくないかは、要は自分が楽しく感じるかどうかということでしかありません。

楽しさを感じるためには、物事に一生懸命本気で取り組むことです。つまらないことを探すのではなく、楽しいことを探す一日にしましょう。

昭和の日

29日

怒りはさっさと流しましょう

腹が立ったり、怒ったりすることは日常的にあるものです。長年修行を積んできた禅僧にしても、怒りを抱くことはもちろんあります。お釈迦様のように、常に穏やかな心を持つことなどできません。

しかし、私たちが少し違うのは、怒りの感情が湧いてきたときに、いつまでもその怒りを心にとどめおかず、できるだけ早くに追い出すようにしていることです。負の感情は心にとどめればとどめるほど、大きくなります。今日はカチンとくることがあっても、「気にしない」と心の中で流しましょう。

30日

寝る前にテーブルの上を片づけましょう

ダイニングテーブルに、テレビのリモコンや飲みかけのコップ、新聞など、さまざまな物が積まれていませんか？

すぐにまた使うリモコンやコップをいちいち片づけるのは不便かもしれません。でも、あえて不便を選んでみるのはどうでしょう。テーブルの上には何も置かないと決める。リモコンは場所を決めて片づけ、コップは使ったらすぐ洗う。そうすれば食事の準備もスムーズに始められますし、何より気分がすっきりします。

せめて今晩寝る前にはテーブルの上を片づけましょう。

5月

一日不作 一日不食
（いちにちなさざればいちにちくらわず）

この言葉は「働かざる者食うべからず」と勘違いされますが、まったく意味が違います。人にはそれぞれに与えられた役割、やるべきことがあります。それは金銭を稼ぐことばかりではありません。わが子を育てることも、家族のために食事をつくることも、生きていくうえでは大切な労働です。自分がなすべきことは何か。それをしっかりと見極めて、粛々とやっていくこと。その積み重ねこそが人生です。周りと比べることなく、自身のやるべきことに目を向けることです。

1日

昨日のことはきれいさっぱり忘れましょう

過去に起こったことを、いつまでも心にとどめ、反すうする人がいます。もちろんそれが楽しい思い出ならよいのですが、嫌なことや失敗したことを繰り返し思い出している。それはよいことではありません。

過去・現在・未来とあるうち、禅の世界でもっとも大切に考えられているのが現在です。なぜなら、私たちは「今」というこの瞬間にしか生きていないからです。過去はすでに去ったことですし、未来などわからない。今この瞬間を生きるために、昨日のことはきれいに忘れてしまいましょう。

八十八夜

2日

茶摘みに思いをはせ、新茶を楽しむ

立春から数えて八十八日目の夜が八十八夜です。「夏も近づく八十八夜」と歌われるように茶摘みの季節でもあり、この時期に摘まれた新茶は長寿の薬として昔から多くの人たちに親しまれていました。

夏が近いとはいえ、まだまだ早朝には霜が降りて、お茶の葉が台無しになってしまうこともあります。お茶畑に風車のような物がありますが、気温の低い早朝に霜が降りないよう、畑の空気をかき混ぜるためにしつらえられた物です。

一杯のお茶からそんな人の手の愛情を感じてみましょう。

憲法記念日

3日

自分を変えたいなら、強く念じましょう

自分を変えたい。今までの自分ではなく、別の自分になりたい。そう願っている人がいます。たとえば、もっと明るい性格になりたいとか、積極的になりたいとか。そう思うのならば、そう振る舞えばよいだけの話ですが、それが無理だと思ってさらに悩む人もいます。

しかし、その悩みは無用です。なぜなら、五年前、十年前とまったく変わっていない人間などいないからです。

自分を変えたいなら、何を変えたいのかを真剣に考え、今日からさっそく強く念じましょう。

みどりの日

4日

自分の価値に目を向けましょう

他人からの評価というのは誰もが気になるものです。とくに仕事においては、周りから評価されると喜びを感じます。そしてさらに評価を高めようと努力をする。それはすばらしいことです。

ただし、他人から評価されることだけを重要視していると、いつしか評価されること自体が目標になって、自分の価値をないがしろにしてしまいかねません。これは他人の価値基準をうのみにして、自分がない状態です。自分の価値は何か。そこに目を向けて過ごしてみましょう。

立夏・端午の節句・子どもの日

5日

さわやかな風、青い空が気持ちよいころ

木々が青々とした葉をつけ、さわやかな風が通り抜けていく、とても気持ちのよい季節が「立夏《りっか》」です。この日は「端午《たんご》の節句」、男の子の成長を祝う日です。鯉のぼりを上げる風習は、江戸時代から続くものです。鯉は滝を登ってやがて竜となるという伝説にちなみ、男の子の立身出世を祈る武士の家で鯉のぼりを上げるようになったとされています。現在は「子どもの日」として菖蒲湯《しょうぶゆ》に入ったり、柏餅やちまきを食べたりしますが、いずれもさわやかな季節を感じられます。小さな子どもがいなくても、取り入れてみてはどうでしょう。

6日

思い切ってもろもろの手を抜きましょう

毎日の生活の中には、家事や育児、仕事など、やらなければならないことがたくさんあります。それらすべてを完璧にやろうとしても無理なことでしょう。生真面目で自分に厳しい性格はすばらしいことではありますが、ときには手を抜くことも大切です。

掃除や料理を少しサボったところで誰もあなたを責めはしません。責めているのはもしかすると自分だけではないですか？

今日はお総菜を買って帰ろう。お風呂掃除は家族にお願いしよう。そう決めると、日常がもっと優しく感じられますよ。

7日

大きな声で返事をしましょう

私たち僧侶は大声でお経をあげます。ただでさえ音が響くお堂の中ですから、さらにその声は大きく響き渡ります。

そこまで大きな声を出すことには、ちゃんと理由があります。大きな声は、当然のことながら自分の耳にしっかりと入ってきます。すると脳が刺激され、頭がさえるうえに自然と体も元気になっていくからです。

日常生活では、なかなか大声を出す機会はありませんが、今日は大きな声で話したり返事をしたりすることを意識してみましょう。

母の日

8日

母に感謝の気持ちを届けましょう

五月の第二日曜日は「母の日」です。母の日の起源には諸説ありますが、二十世紀初頭、アメリカの女性が母の命日に「亡き母をしのぶ」という花言葉を持つ白いカーネーションを霊前に供えたことが始まりとされています。当時は母親が存命なら赤いカーネーション、存命でないなら白いカーネーションを贈っていましたが、現在はいずれの場合も赤を選ぶようです。

いつもはなかなか口に出して言えない感謝の気持ちを言葉にして届けるよい機会です。

9日

不安や心配ごとを人に話してみましょう

人間誰もが大小さまざまな不安や心配ごとを抱えています。

ではその不安はいったいどこから生まれてくるのでしょうか。それは私たちの心の中です。つまり、不安や心配ごとは自分自身が生み出しているものなのです。これを取り除くには、とにかく吐き出してしまうことが有効です。不安や心配ごとは、思い切って人に話してみましょう。言葉にして感情を共有するだけで、心が軽くなったり、考えすぎに気づいたりできます。

また、そのようなことで仲間との絆が生まれることもあります。

10日

パソコン検索に頼らずに考えてみましょう

わからないことや知らないことがあるとき、パソコンで検索すればたいがいのことはすぐに答えがみつかります。昔はいちいち図書館などに調べに行ったものですから、すばらしく便利な世の中になりました。

しかし、忘れてはいけないことがあります。それは、パソコンの中にあるのは表面的な知識だということ。自分の生き方や考え方について参考になる情報はあっても、答えとなるものはあなた自身の中にしかありません。せめて今日一日はパソコン検索に頼らず、自分で考えてみましょう。

11日

何かを得ようとするより手放しましょう

思い切り泣いたあと、心がすーっとした経験はありませんか。涙を流すと心のモヤモヤが晴れたり、胸につかえていた物が取れたりする。これが仏教でいう「洗心《せんしん》」です。

私たちは物事がうまくいかないと、つい何かをプラスしてそれを解決しようとします。足りない物を探して補おうとするのです。そうではなくて、手放す物を探してみましょう。涙を流して心を洗い流すように、自分の中にある不要な物を捨ててみるのです。捨ててきれいになったスペースに新しい物が入ってくるのはよくあることです。

12日

流行の情報から一歩引いてみましょう

昨今の健康ブームで、サプリメントや食事法、運動法など、毎日のように新しい健康法が登場しています。新しい健康法が紹介されると、ついそれにばかり目を奪われ、どんどん生活の中に取り入れようとします。いったいいくつの健康法を試せば気がすむのでしょうか。流行の情報を追い求めるのはやめましょう。今の生活の中で健康によくないことは何か、何をやめたら健康になれるかを考えてみるほうが先です。

健康法に限らず、情報は引き算することも大切です。

13日

イライラしたら自問自答してみましょう

心が乱れたとき、イライラしたときや怒りの感情に襲われたとき、あなたはどうしますか。その心のままに行動を起こしてしまえば、摩擦を生むはめにもなりかねません。そんなときに冷静になる方法として、自問自答があります。

どうして自分はイライラしているのか。いったい何に対して怒っているのか。自分自身の感情を客観的に眺め、自分に問いかけるのです。その結果、原因がとてもささいなことだと気づくかもしれません。自問自答はイライラ解消の特効薬です。

14日

不安は「なんとかなる」で切り抜けましょう

私たちは、ときとして漠然とした未来への不安感に襲われることがあります。大きな病気にかかったらどうしよう。仕事がなくなったらどうしよう。貯金がなくなったらどうやって生活していこうか。起こってもいない未来を自分で勝手に想像し、不安に思っているのです。

人生には、自分の力ではどうしようもできない波というものがあります。その波に逆らって泳ぐことなどできません。そういうときは、波に身を委ねながら、小声で「なんとかなるさ」と言ってみましょう。

15日

他人から見た自分の姿を信じてみましょう

今の仕事ははたして自分に向いているのだろうか。本当はもっと自分が輝けるような職場があるのではないだろうか。私たちは、ふとした瞬間に自分の適性を確かめたくなるときがあります。でも、実際、自分自身のことはよくわからない。

そういうときは、いっそ他人の意見に耳を傾けてみましょう。「あなたはこの仕事に向いていると思う」と言われたら、はなから否定するのではなく、もしかしたらそうかもしれないと考えてみるのです。意外と他人の視点は的を射ている場合が多いものです。

16日

最寄り駅を「結界」に設定しましょう

「結界」という言葉があります。これは仏教用語で、この世とあの世など、いろいろな世界を分けるための境界線のことです。

仕事を終えた帰宅途中、まだあれこれ仕事のことを考え続けていたり、明日の段取りで不安になったり、イライラしたり……。これではリフレッシュできません。

自宅の最寄り駅に着いたら、改札口が自分の結界だと考えてみましょう。この改札を出たら、もう自分は別の世界にいるのだ、と。気持ちを切り替える癖をつけることは大事です。今日からさっそく実行してみましょう。

17日

仕事を自分の人生に合わせていきましょう

自分に合った仕事をしたいと、ほとんどの人が言います。しかし、結論から言いますと、初めから自分にぴったり合った仕事などありません。「向き・不向き」という言葉も、またしかり。仕事に向き・不向きなどはありません。人によって得手・不得手はありますが、それとて努力でどうとでもなることが多いものです。

自分にぴったりな仕事を見つけようとするのではなく、仕事を自分に合わせていくのです。仕事だけでなく物事全般をそう考えてみると、個性が見えてくるのです。

18日

自分から行動して不満を消しましょう

いつも不平ばかり言っていたり、不満に包まれていたりする人を見ていると、他人任せの生き方をしていることがわかります。自ら行動したり、決定したりすることもなく、いつも誰かの指示を待ち、その言葉に右往左往している。それでは不平や不満がたまるのは当たり前です。人は自分が決めたことに対しては不満を感じないからです。

誰かの指示を待つのではなく、自分に何ができるのかを考えて、率先して行動しましょう。自分から起こした行動なら、たとえ失敗に終わっても不満は残りません。

19日

自分の立ち姿を意識しましょう

出かける前には、鏡に自分の姿を映してチェックしますね。そのとき、あなたは何を見ていますか。女性も男性も、最低限身だしなみを確認するでしょう。それも大切ですが、もっとも確認してほしいのは、鏡に映る自分の立ち姿——姿勢です。

背筋は伸びていますか。うつむきがちになっていませんか。正しい姿勢には健全な精神が宿ります。精神が健全だと自信も湧きます。

今日は、出かける前はもちろん、電車の窓やショーウインドーなど、折りに触れて姿勢を確認する日にしてみましょう。

20日

物を「見立て」の心で見直してみましょう

昔のお寺には必ず石臼がありました。小麦や大豆、ゴマなどの食材を砕くためです。この石臼が古くなると、次は漬物石として使います。割れてしまって漬物石にも使えなくなると、今度は庭の飛び石として使われます。

一つの用途を終えたあとも、ほかの用途を探す。これが禅でいう「見立て」の心です。さまざまな用途を与えることで、その物は再び命をつなぐことができます。「何かに使えないかな?」そんな目で身の回りの物を見直してみましょう。捨てようと思っていた物にも、意外な使い方が発見できるかもしれません。

小満

21日

ちまたに命が満ち満ちて光り輝くころ

立夏から半月、陽気がよくなって万物が成長し、天地に満ち始めるころが「小満《しょうまん》」です。すがすがしいこの時期を表わす言葉に「五月晴《さつきば》れ」がありますが、もともとは梅雨の晴れ間の青空のことをこう呼んでいました。今では新暦の五月のさわやかな晴れの日を五月晴れと呼ぶようになっています。

この時期の旬の魚はキスとクルマエビ。どちらも江戸前のてんぷらに欠かすことができない食材です。さわやかな風を感じながら江戸前のてんぷらを味わってはどうでしょう。なんとも粋なものです。

22日

ベランダにマイ枯山水《かれさんすい》をつくりましょう

禅寺にしつらえられた枯山水。真っ白な砂に描かれた美しい文様。絶妙に配置された数個の石。見ているだけで心が洗われ、落ち着きます。禅寺まで足を運ぶ機会はなかなかないでしょうから、いっそのこと自宅のベランダに自分だけの枯山水をつくってみてはいかがでしょう。一メートル四方の枠をつくり、白い砂を敷き詰めます。そこに拾ってきた石などを心の赴くままに配置してみる。たったそれだけのことで、マイ枯山水——自分だけの世界が出来上がります。このように心が落ち着く空間をつくってみましょう。

23日

大切な人に手紙で思いを伝えましょう

五月二十三日は、「五二三《こいぶみ》」の語呂合わせから「ラブレターの日」とされています。心を寄せる異性に手紙をしたためるという習慣は少なくなりましたが、今日は大切な人に手書きの手紙で気持ちを伝えてみてはいかがでしょう。

長年連れ添った夫婦なら、昔のような恋心は忘れてしまったかもしれませんが、そこには深い愛情があります。相手への感謝の気持ちを書いてみる。「ありがとう」のひと言でよいのですから、思いを手紙で伝えてみてはいかがでしょうか。

24日

お金に対する価値観を見つめ直しましょう

結婚相手を選ぶときは、お互いに価値観が合うことが最低条件です。長く共に暮らしていくためには大切なことです。そうはいっても、まったく同じ価値観や考え方を持つ人間などいるはずはありません。

では、何を基準にすればよいでしょうか。

それはお金に対する価値観です。お金に対する考え方や感覚は一朝一夕に変わるものではありません。しかも、お金の使い方は、その人の生き方を色濃く反映します。

お金に対する自分の価値観を、改めて見つめ直してみましょう。

25日

自分の選んだ結果を引き受けましょう

世の中は矛盾や理不尽、不平等など納得できないことであふれています。とくに仕事をしていると、そういう思いにさいなまれることは多いと思います。

どうして人は理不尽さを嘆くのでしょうか。それは自分ばかりが損をしていると思うからです。ではなぜ、自分ばかりが損をしていると思うのか。それは他人と比べているからにほかなりません。

理不尽さは比較から生まれます。すべては自分の選択の結果であることを引き受けると、理不尽を感じることはなくなります。

26日

弱音を吐いてもよい日をつくりましょう

弱音を吐くのは恥ずかしいことだと思っている人は多いようです。ですから無理をして弱さを隠そうとしたり、自分は大丈夫だと強がってしまったりする。それではいずれは心が壊れてしまいます。

ときには弱音を吐くことです。自分の本音を隠さず、信頼できる友達などに話を聞いてもらいましょう。励ましの言葉を求める必要はありません。ただ聞いてもらうだけで心は軽くなります。ノートに書き記すことでもよいでしょう。いずれ、ため込まず弱音を吐くことは、心を健康に保つために必要なのです。

27日

美しい立ち居振る舞いを心がけましょう

「形直影端（かたちなおければかげただし）」という禅語があります。姿勢が美しければ、その影もおのずから美しくなるという意味です。ここでいう影とは、心を表わしています。

「心さえ美しければ、立ち居振る舞いなどどうでもよい」と言う人がいますが、そういう人で心が美しい人に私は出会ったことがありません。心の美しさは立ち居振る舞いに現れるものだからです。人は相手の所作を通してその人の人間性を判断します。所作の美しさを意識する一日にしましょう。

28日

昔の夢を思い出しましょう

子どものころにはたくさんの夢があったと思います。しかし年齢を重ねるごとにそれが少なくなっていくのはなぜでしょうか。それは夢を持ったところで、自分にそれを叶えることはできないと思ってしまうからです。

夢というのは、叶えることも大事ですが、それを追いかけ、日々努力することのほうがもっと大事です。たとえ叶わなかったとしても、そこに向かって歩む道のりが日々を充実させ、人生を豊かにしてくれます。

昔はどんな夢を持っていましたか。今日はそれを思い出してみましょう。

29日

絶対に譲れないものは何か考えましょう

日々の人間関係を上手に保っていくためには、お互いに譲り合う心が大切です。お互いに自己主張ばかりをして、不都合なことは押しつけ合う。それでは関係はすぐに壊れてしまいます。相手を思いやり、譲り合うことで、私たちは関係を保っているのです。

しかし、誰にでも絶対に譲れないものというのはあります。無理してそれを譲る必要はありません。ときには関係を断ってでも、守らなくてはならないものもあります。自分が絶対に譲れないものは何か、考えてみましょう。

30日

どの道を選んでも大丈夫だと信じましょう

人生は選択の連続です。人生を歩む中で分かれ道に出合うことはしょっちゅうでしょう。さて、どちらの道を選ぼうか。もしも選択を間違えたら大変なことになる。そう思うと、分かれ道の前で人は立ち尽くしてしまうものです。そこで考え抜くということも必要ですが、どうしても決めかねるときには、「どちらの道を選んでも、きっと求める場所にたどり着く」と考えてみてはどうでしょう。実際のところ、努力を重ねていくことで、どの道を選んでも結果は善きものになるのです。

31日

時間ギリギリの生活はやめましょう

人間にはみな平等に一日二十四時間が与えられているのに、余裕を持って過ごしている人と、いつも時間に追われている人がいます。その差はなんでしょうか。

時間に余裕のある人は、まず遅刻をしません。約束の五分前には着いているものです。反対に、時間に追われている人は、いつもギリギリ。たった五分の時間ですが、それだけで心に余裕が生まれるのです。

すべてにおいて五分前の行動を心がけてみるだけで、余裕のある生活になるのですから、今日からそれを意識してみましょう。

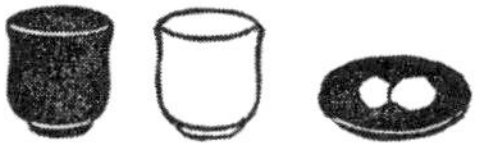

6月

水急不月流（みずきゅうにしてつきをながさず）

川の水面に映る月影は、どんなに川の流れが早くとも流されることはないという意味です。「水の流れ」とは、世間で起きていることを指しています。そして「水面に映る月影」とは、すなわち自分自身の心のことです。

世間の流れに気を取られてはいけません。世間の流れが早かろうが遅かろうが、常に自分自身を見失わないこと。

水面に映る月影のように、流れとは関係なくしっかりとたたずんでいること。

そこにこそ「自分らしさ」というものがあるのです。

衣替え

1日

秋冬の衣服を春夏に入れ替える日

中学生や高校生時代、この日に制服が冬物から夏物に替わり、季節の変化を感じたものです。もともとこの衣替《ころもが》えは、仏教の習慣でした。禅寺では、六月一日に冬物から夏物に着替え、達磨《だるま》大師が亡くなった十月五日の達磨忌を境に冬物に着替えました。

最近では従来より早く暑さが到来する傾向がありますので、早めに衣替えをする人もいるかもしれません。

衣替えは断捨離のよい機会ですので、不要な衣類を見直す日にしてもよいでしょう。新たな気持ちで季節を迎えられますよ。

2日

悩みがあるときには体を動かしましょう

人は悩みやストレスを抱えているとき、お酒を飲んだり、映画を観に行ったりして気分転換し、なんとかして悩みから解放されようとします。もちろんお酒を飲むのも映画を観るのも悪くはありませんが、一番よいのは体を動かすことです。

人は体を動かしながら深い思考をすることはできません。ジョギングしながら悩むことはできないのです。運動で悩みが解決するわけではありませんが、少なくともその悩みからひととき解放されたために気持ちが変わることはよくあることです。

3日

子どものときに夢中だったことを思い出しましょう

いったい自分は何をやりたいのだろう。やりたいことが見つからない。そんな悩みを抱く人は意外と多いようです。

自分のやりたいことがわからなくなってしまったら、子どものころの自分を思い出してみることです。夢中になっていたことや、一生懸命にわき目も振らずにやっていたことは、誰にでもあるはずです。その夢中になっていたことの延長線上に、あなたの「夢中」が落ちているはずです。押し入れにしまった小さいころのアルバムを開いて見てみると、案外、見つかるかもしれませんよ。

4日

嫌な相手とはつき合うのをやめましょう

誰とでもうまくつき合っていくことが大切で、たとえ苦手な人とでも、うまく関係を築いていけるのが大人だと思い込んでいる人がいます。

しかし、世の中すべての人とうまくつき合うことなどできるはずはありません。まして苦手としている人ならば、うまくつき合おうと思うこと自体がストレスになります。

みんなと仲よくしようと思わなくてもよいのです。あえてぶつかるには及びませんが、嫌な相手と無理してまでつき合う必要などないのです。

5日

草履や下駄で生活してみましょう

雨が多いこの季節は、一日中革靴を履いていると、なんともいえない不快感に襲われます。せめて休日くらいは足を解放するようにしましょう。はだしで草履や下駄を履くのをお勧めします。

雲水たちは真冬を含め一年を通してはだしに草履の生活です。これが健康の秘訣にもなっています。足の親指と人差し指の間には内臓や脳に関するツボが密集していて、草履や下駄を履くと自然にそのツボが刺激されるのです。最近は室内履き用の草履もありますから、試してみるのもよいでしょう。

芒種

6日

稲や麦の種をまき、ホタルが飛び交うころ

稲や麦など、穂先のある植物の種をまくころが「芒種《ぼうしゅ》」です。畑仕事の目安となる七十二候に、カマキリが登場します。カマキリは畑の中の害虫を捕まえてくれる、農家にとってはとてもありがたい昆虫です。

この時期に旬を迎える食材にらっきょうがあります。らっきょうは平安時代に中国から伝わったとされ、暑さで胃腸が弱っているときに食べると食欲増進の役目を果たしてくれます。酢や塩に漬けておけば保存食にもなりますから、つくったことがない人も新たな習慣としてチャレンジしてみてはいかがでしょうか？

7日

人生に悪い日などないことを知りましょう

「日《にち》々是好日《にちこれこうにち》」という有名な禅語があります。人生には晴れの日もあれば雨の日もある。では晴れの日がよくて、雨の日は悪い日なのか。そうではありません。晴れの日も雨の日も、どちらもよい日なのだという教えです。

よい日とか悪い日を決めているのは自分自身の心です。自分が勝手にそう決めているだけに過ぎません。人生において悪い日などは一日もない。生きていること自体が奇跡のようなものです。すべての日がよい日であることを忘れてはいけません。

8日

人は思い通りにはならないと理解しましょう

誰もが自分の人生に対して理想像のようなものを持っています。理想の職場、理想の結婚、理想の家族など。理想を持つことは悪くはありませんが、その通りにいかないことがあることも知っておきましょう。

自分の思い通りにならない夫に対してイライラする。思い通りに育たないわが子を嘆かわしく思う。もしもそんなことで悩んでいるとしたら、それはとても傲慢なことだと思います。自分の思い通りにするために自分が努力をすることはよいことですが、そこに誰かを巻き込まないことです。

9日

ありのままの自分をさらけ出しましょう

自分をもっとよく見せたい。もっと自分の評価を高くしたい。そんな気持ちは誰もが持っているでしょう。もちろん自分をよく見せるために努力を重ねるのはすばらしいことです。しかし、努力もせずに表面的な評価ばかりを得ようとすると、すぐさま化けの皮は剥がれるものです。

ありのままの自分を堂々とさらけ出してみましょう。それは恥ずかしいことでもなんでもありません。最初は勇気がいるかもしれませんが、ありのままの自分でいることくらい心が軽くなることはないのです。

10日

よい縁をつかむために準備をしましょう

不思議とよい縁に恵まれる人がいます。その反対に、なかなかよい縁を結ぶことができない人もいます。いったいその差はどこにあるのでしょうか。

よい縁を結べる人は、縁が流れてきたときにすぐつかめるよう、常に心の準備をしている人です。反対によい縁をなかなか結べない人は、口では「よい縁が欲しい」と言ってはいるものの、準備を整えていないので縁をつかめません。よい縁をつかめるか、つかめないかは自分次第。今すぐよい縁をつかむための心の準備をしましょう。

入梅

11日

稲作に欠かせない長雨の始まるころ

梅雨入りのことを「入梅《にゅうばい》」と呼びます。暦の上では夏至の約十日前ごろになります。これが六月十一日前後にあたります。

入梅という字のごとく、梅雨の季節の訪れと共に梅が旬を迎えます。昔から梅は保存食として重宝されてきました。梅酒や梅ジュースをつくるには、まだ熟していない青い梅の実を、梅干しや梅酢をつくるには黄色く熟した実を使います。砂糖と一緒に煮詰めてつくる梅ジャムは、青梅でも完熟梅でもつくれます。梅にはさまざまな楽しみ方があります。

12日

台所をきれいにしましょう

毎日何度も料理をするのだから、台所が汚いのは当たり前。そう思ってはいませんか。しかし、毎日使うからこそ、いつも美しく保つことが大事です。

一流の料理人の仕事ぶりは本当に美しいものです。多くの食材を使って料理をしているのに、一品の出来上がりと共に次の作業に入れるよう、調理場は見事に片づいています。片づけをしながら料理しているわけです。そこまでは無理でも、せめて一日の終わりには台所をきれいな状態に戻しましょう。

13日

「おかげさま」の気持ちを持ちましょう

「恩」という字は、原因の「因」という字の下に「心」と書きます。すべての物事には原因となるものがあります。自分が今、こうして生きていることも両親のおかげ。両親が出会ったという原因があってこその結果です。自分を生かしてくれている「因」とは何か。誰のおかげでこうして生きていくことができているのか。そのことに思いをはせ、自分を取り巻くすべてに感謝の気持ちを持ちましょう。それが「恩」という字の意味です。周りの人に「おかげさま」と言葉にして伝えてみてはいかがでしょう。

14日

「どうせ」と言うのはやめましょう

「どうせ自分にはできない」「どうせ無理」と、口癖のように「どうせ」と言う人がいます。この言葉を使っている限り、その人は前を向くことはできません。「どうせ」と言う代わりに、「もしかしたら」と言ってみましょう。自分にはむずかしいかもしれない。チャレンジしても無駄かもしれない。でも頑張って本気でやれば、もしかしたらできるかもしれない。この気持ちこそが、心を元気にしてくれるのです。今日からさっそく「どうせ」の代わりに「もしかしたら」と言うようにしましょう。

15日

暑中見舞いの準備をしましょう

昭和二十五年のこの日、初めて暑中見舞いのハガキが発売されました。暑い夏に、なかなか会えない人やお世話になった人の健康を気遣うあいさつ状として小暑（七月七日ごろ）から立秋（八月七日ごろ）に出すのが通例です。

ふと思い浮かべた遠くにいる家族や友人に、今年は暑中見舞いを書いてみてはどうでしょう。メールや電話全盛の今だからこそ、一枚のハガキが本当にうれしく感じられます。さっそく涼しげなハガキを買い求めて、準備を始めましょう。

16日

一人きりの時間を楽しみましょう

孤独とは、一人きりでいること。そう思っている人も多いでしょう。しかし、「孤独」と「一人きり」はまったく別物です。

たとえば一人で暮らしていても、いつも心の中に家族の存在があったり、友達の笑顔を思い浮かべたりしている人は孤独ではありません。反対に、大勢の人と一緒にいるのに、いつも疎外感がある人は、孤独な状態といえるでしょう。

孤独には実態がありません。自らの心が生み出しているものだからです。

一人でいることを恐れず、その時間を楽しみましょう。

17日

靴をそろえる習慣をつけましょう

玄関は、その家の顔です。玄関の靴がきちんとそろえられている家には、心に余裕がある人が暮らしていますし、雑然と靴が散らばっている家は、家が乱れている証拠。家族仲もよくないと、昔から言われてきました。

靴の整理整頓と、家の雰囲気や家族仲に関係などないと思うかもしれませんが、違います。玄関とは、その家を訪れた人が初めて見る場所。そこに神経が注がれているかどうかは大切なことです。

脱いだ靴はちゃんとそろえ、片づける。今すぐできますね。

18日

旬の夏野菜、トマトを食べましょう

高僧と呼ばれる僧侶たちは、とても美しい姿をしています。それは顔のつくりがきれいだとか、スタイルがよいということではありません。修行で培った姿勢のよさと、透き通るような肌の美しさがあるのです。

高僧の姿勢がよいのはわかりますが、なぜ肌が美しいのでしょうか。それは旬の野菜をたくさん食べるからです。初夏の今ごろはトマトがお勧めです。トマトに豊富に含まれるリコピンには、疲労回復と美肌効果が期待できます。今晩はトマトをたっぷり使ったパスタにしてはいかがでしょうか。

父の日

19日

親に感謝の気持ちを届けましょう

六月の第三日曜日は「父の日」です。五月の「母の日」に比べると注目度は少し薄く感じられますが、父の日も母の日と同様にアメリカから入って来たものです。

アメリカのワシントン州で、男手一つで育てられた女性が、父親への感謝の気持ちを表したいと嘆願したのが父の日の始まりとされています。母の日にはカーネーションを贈りますが、父の日にはとくに決まった贈り物はありません。花に限らず、日ごろ言えない「ありがとう」の言葉を届けてみましょう。感謝を伝えることは、自分も相手も気持ちのよいものです。

20日

物事の始まりを大切にしましょう

新しい仕事に取り組むときや、行動を起こそうとするときは、たとえそれがつらそうだったとしても自らの心を鼓舞し、積極的に取り組むことが大切です。

何ごとにおいても始まりは非常に重要です。最初の一歩がなければ進むことすらできません。だからこそ、そこに心を集中させて余計なことを考えない。始める前から失敗を恐れるのではなく、一生懸命に取り組もうとする気持ちを持つのです。そんなスタートが切れれば、もう物事の半分は成功したのと同じ。さあ、始めてみましょう。

夏至

21日

太陽の光をもっとも長く浴びられる日

一年でもっとも昼が長く、夜の時間が短い日が「夏至《げし》」です。

この時期に解禁を迎えるのが鮎《あゆ》釣りです。川底の藻を主食とする鮎は、きゅうりに似た独特の香りがあることから「香魚《こうぎょ》」とも呼ばれ、その味は川によって違うとされています。

また、夏の気配が漂うこの時期に人々の目を楽しませてくれるのがあやめです。「いずれあやめかかきつばた」と言われるように、この二つの花は似ていますが、花びらのつけ根に網目模様があるのがあやめです。家に飾って季節を感じてみるのもよいですね。

22日

相手に期待するのはやめましょう

「夫が家事や子育てに協力してくれない」と不満を言う人がいます。もちろん悪いのは協力をしない夫です。しかし、その夫に不満ばかりを言っても、結局イライラして嫌な気分になるのはこちらばかり。損をするのは自分です。

そうであるならば、いっそ初めから期待しなければよいのです。そうすれば、イライラもがっかりもありません。「手伝ってくれればラッキー」くらいに考えるのです。

相手に勝手に期待して、勝手にイライラするのは愚の骨頂です。

23日

同じ場所に片づける習慣をつけましょう

いざ出かけようとするとき、あれこれと探し物をしていませんか。鍵がない、定期入れがない、財布やハンカチは……。職場でも、必要な資料や書類などを探しているうちに、あっという間に時間は過ぎていくものです。それでは効率が悪く、よい仕事もできません。探し物をする時間ほど無駄なことはないのです。そうならないためにも、よく使う物は、いつも同じ場所に片づける。そういう習慣をつけましょう。時間の節約にもなり、心の余裕が生まれてきます。小さな習慣を大切にすることで日常は整えられていくものです。

24日

風の匂いを感じてみましょう

日本には風の名前がおよそ二千もあるといいます。夏に限っても、「薫風《くんぷう》」「青嵐《あおあらし》」「黒南風《くろはえ》」「白南風《しらはえ》」など、たくさんの種類があります。季節ごとに風を呼び分ける風習は、四季を愛でる国、日本ならではです。

風にはさまざまな匂いがあります。朝の風と夕方に吹く風、山の中に吹く風と、海を渡る風。それぞれまったく違います。

風を感じたら、足を止めて胸いっぱいに吸い込み、匂いを感じてみましょう。自然の中に生かされている自分自身を実感できるに違いありません。

25日

「やらされている」と思うのはやめましょう

たとえば同じ仕事をしていても、とても楽しそうにやっている人と、つらそうにやっている人がいます。仕事の量も質も同じ、二人の力量も同じなのに、取り組んでいる姿がまるで違うのは、なぜでしょう。それは、「やらされている」という思いがあるか否かです。「やらされている」と思えば、仕事はつらくて息苦しいものになり、反対に自らが主体となって取り組めたら、工夫するなどして楽しくこなせるものなのです。

　それがつらいものになるか、楽しいものになるかは、すべて考え方次第なのです。

26日

自分からあいさつしましょう

人から好かれたい。それは誰もが思うことでしょう。しかし、そう簡単なことではありません。誰にも好き嫌いがあるからです。しかし、人によい印象を持ってもらいたいのであれば方法はあります。それは率先してあいさつをすること。

　基本的には目下・年下の人が先にあいさつするのがマナーとされていますが、私は自分から率先してあいさつすることをお勧めします。相手に気づいたら、立場に関係なくこちらから笑顔であいさつする。あいさつに関しては先手必勝が好感度を上げます。

27日

してもらうより、してあげましょう

私たちは、つい誰かに何かをしてもらうことを考えます。そして、こちらの期待通りに相手が何かをしてくれないと、そのことを不満に感じてしまいます。それではまるでわがままな幼児と同じです。

自分が人から何かしてもらうことを考える前に、まず自分が相手にしてあげることを考えましょう。

目の前にいる人のために何ができるのか。何をしてあげたらこの人は喜んでくれるのか。自分よりも相手を優先に考えるのです。仏教ではそれを「利他の精神」といいます。

28日

集中できる空間をつくりましょう

会社に行くことなく自宅で仕事をするスタイルが増えてきています。通勤からは解放されますが、やはり自宅では仕事に集中しにくいという人も多くいるようです。

集中できないというのは、視界に余計な物が入ってくるからです。職場のデスクには、仕事以外の物はないでしょう。ところが自宅だと仕事以外の物が否応なく目に入ってきます。

自分が集中できる環境づくりをしてみましょう。すると余計な物が実に多いということに気づくのではないでしょうか。

29日 惰性で食べるのはやめましょう

とくにお腹が空いているわけでもないのに、なんとなくおやつを食べてしまう。あまり食欲がないと思いつつも、いつもと同じ量の食事をしてしまう。これが惰性で食べるということです。この食べ方は決して健全ではありません。

惰性で食べるのをやめるには、食べる前に、今自分の体が何を欲しているのか、どんな栄養を必要としているのかを体に聞く習慣を身につけ、それに忠実になることです。

目につくところに置いてあるおやつを今すぐ片づけましょう。

30日 身の丈を見失わないようにしましょう

「身の丈に合う」という言葉があります。昔から日本人はこの「身の丈」をとても大事にしてきました。身の丈に合った生き方、身の丈に合った暮らし。身の丈とは、自分にふさわしい程度のことをいいます。

身の丈に合った生き方とは、諦めた生き方という意味ではありません。等身大の自分の姿を見極め、それにふさわしく生きる生き方のことです。昔の人たちは、それがもっとも心地よいことを知っていました。折りに触れて、自分にふさわしいもの、自分の程度を見直すようにしましょう。

7月

任運自在
（にんうんじざい）

ここで言う「運」とは「巡り合わせ」や「それぞれの人間に与えられた定め」を表わしています。人生には巡り合わせというものがあります。誰と出会うか、どんな時代に生まれるのか、どのような環境の下で育てられるのか。

それらは自分の力で変えることはできません。人知を超えた大きな力がそこにはあります。

そうであるならば、与えられた巡り合わせや定めを受け入れて、そのうえでできる限りの努力をしていくこと。運を嘆くことなく、運と共に生きることです。

1日

相手を一〇〇％理解するのは諦めましょう

誰かを好きになり、ずっと一緒にいたいと思って結婚する。共に暮らす中で、もっと相手を理解しようとする。自分のことをわかってほしいと思う。そうやってお互いのことを一〇〇％わかり合っていくのが夫婦の姿だと思っている人は多いでしょう。

しかし、それは無理筋です。自分自身のことでさえもよくわからないのに、他人のことなどわかるはずはありません。夫婦はお互いに六〇％くらいわかり合っていればそれで十分。残りの四〇％は、いい意味で放っておけばよいのです。

半夏生

2日

田植えが一段落して労をねぎらい合うころ

夏至から数えて十一日目が「半夏生《はんげしょう》」です。半夏とは「からすびしゃく」という薬草のこと。それが生えるころという意味です。

この時期は農家の人たちにとって、田植えをすませる節目のときです。香川県では、農家の忙しさが一段落した半夏のころに、田植えなどを手伝ってくれた人たちにうどんを振る舞う習慣がありました。そのため香川県では七月二日を「うどんの日」としています。

このころに降る雨を「半夏雨《はんげあめ》」と呼び、一年の豊作を占う習慣もありました。雨の日、そんな思いを巡らしてみるのもよいですね。

3日

向き不向きにこだわるのはやめましょう

今の仕事は自分に向いているのだろうか。もっとほかに自分を生かせる仕事があるのではないか。そんな悩みを持つ人は昔から多くいます。しかし、残念ながら人には向き不向きなどというものなどありません。

たしかに得意、不得意はあるでしょう。しかし得意なことだけが自分に向いているわけではありません。不得意なことでも一生懸命に努力して集中すれば、やがてそれが得意なことになり、自分の生業にすることもできるでしょう。

仕事を向き不向きで考えるのは今すぐやめましょう。

4日

現実は自分が選んだ結果だと気づきましょう

「人はなりたい者になるのではなく、すでに、なりたい者になっている」と言った人がいるそうです。まさにその通りだと私も考えます。

会社に入って、こんなはずじゃなかったと後悔する。しかし、その会社を選択したのは自分自身です。本当に嫌ならば辞めればよい。それでも辞めないのなら、それもまた自分自身が選択しているということ。

現在のあなたの姿は、なりたかったあなたに近いはずです。現実は自分の選んだものでできていると気づきましょう。

1月 2月 3月 4月 5月 6月 7月 8月 9月 10月 11月 12月

5日

自然の摂理に合わせて生きましょう

犬や猫などのペットを飼っている人なら、いかに動物たちが自然の摂理に従順に生きているかはご存じでしょう。動物たちはお腹が空けばエサを食べますし、お腹が満たされれば、それ以上に食べません。眠くなれば寝て、十分に睡眠がとれれば目覚める。本当に自然のままです。それに比べ人間はお腹がいっぱいでも「甘い物は別腹」だからと言って食べたり、夜中眠くてもゲームに興じたり。動物からすると人間はなんとも浅はかに見えるでしょう。人間も自然の一部。摂理に合わせて生きることが一番なのです。

6日

自分の物欲を見直してみましょう

人には物欲があります。それは決して悪いことではありません。欲しい物を手に入れるために頑張ることもあるでしょう。

しかし、何かを手に入れれば幸福になれると思うのは幻想にすぎません。満足するのは一瞬でしかなく、新しい物欲は次々と生まれてくるからです。そして次第に何かを手に入れることばかりを考えるようになる。

延々と満たされることのない物欲を抱えながら生きるのは幸せなことではありません。まずは本当に欲しい物、手に入れたい物は何かを考えてみることです。

7日

梅雨明け近く、風が熱気を運んでくるころ

夏至から数えて十五日目のこの日を「小《しょう》暑《しょ》」といいます。そして「七夕《しちせき》の節句」でもあります。

満天の夜空を見上げてください。まるでミルクをこぼした跡のように見える天の川は、英語でミルキーウエーと呼ばれるゆえんです。天の川をはさんでこと座のベガが織姫の星。そしてわし座のアルタイルが彦星の星です。一年に一度の逢瀬《おうせ》に雨が降って天の川を渡れないときには、二人は鵲《かささぎ》に乗って会いに行くといわれています。空を眺めてロマンチックな気分になってはいかがでしょう。

8日

暑中見舞いを出しましょう

暑さが続くと、みんな元気でいるだろうかと、昔は手土産などを持って家を訪ねたものでした。遠方に住む人へは訪ねる代わりにあいさつ状を送ったことで始まったのが暑中見舞いの習慣です。

小暑までに出すのが「梅雨見舞い」。小暑から立秋までが「暑中見舞い」。そして立秋を過ぎると「残暑見舞い」になります。

出す相手の顔を思い浮かべながらハガキを選び、文字をしたためる。どんな時代になっても相手を気遣う習慣は、書き手も受け手も心が豊かになります。

9日

変化を受け入れましょう

自然は常に変化しています。変化しないことなどない。これが「無常」という考え方です。

春になれば咲く花も、毎年同じ花が咲いているわけではありません。今年咲いた花は昨年とは別の花です。同じように見えても、同じ物などこの世には存在しないのです。

人生も同じです。常に変化し続けています。昨日と今日は同じように見えても、まったく違う一日です。小さな変化を発見することは新しい自分を発見すること。恐れず柔軟な心で受け止めましょう。

10日

財布をきれいに整えましょう

財布をきれいに整えるということは、ブランドの財布や風水的に縁起のよい色の財布を使うということではありません。どんな財布でもきれいに扱うということです。

まず、財布の中身を全部出します。いらないレシートやどこかのお守り、誰かからもらった名刺など、すべて整理し、終わったら内側も外側も布で拭き上げます。

きれいな財布には金運が宿るともいいますが、それよりきれいにすると気持ちがよいものです。金運のお守りを集めることより先に、こうした小さなことから丁寧に生活することが大切です。

11日

立ったままの坐禅、立禅《りつぜん》をしてみましょう

坐禅を組むと、イライラした気持ちが薄れて心が平安になったり、気分がすっきりしたりします。しかし、なかなかゆったり座る時間などないという人もいるでしょう。そういう人に、私は立ったままで行う「立禅」を勧めます。坐禅は座らなければできないものではありません。僧の修行にも立禅はあります。

たとえば電車に乗ったとき、つり革につかまった姿勢で静かに目を半眼にし、深い呼吸をしてください。たったそれだけで、気持ちは落ち着き、集中力も増すものです。

12日

なんのために働くのか見つめ直しましょう

なんのために仕事をしていますか。生活をしていくため、出世するため、貯金するため、自分の夢を叶えるためなど、さまざまな回答があるでしょう。

そのどれもが正解です。お金を稼ぐのも、出世するのも、貯金したり夢を叶えたりすることなど、すべてが働く目的です。ここで大切なことは、働く目的を一つに絞らないこと。一つに絞ると、自分を追い詰めたり、仕事や生活に彩りがなくなったりするものです。これが仕事とお金のバランスを取る秘訣です。

13日

人を許すのは自分のためと知りましょう

人間関係とは、よいことばかりではありません。お互いに傷つけ合うこともありますし、相手のしたことをいつまでも根に持つこともあるでしょう。

　人づき合いで生じたつらい思い出は、さっさと忘れてしまいましょう。過去にされたことをいつまでも覚えていて、思い出すたびにまた怒りが湧いてくる。そんな繰り返しをしていても自分が苦しいだけです。

　そうであるならば、その人を許しましょう。その人の記憶を頭から消し去るのです。自分のために、忘れるのです。

14日

自分だったらどうするかを考えましょう

物事の見方やとらえ方は、置かれた立場によって変わります。車を運転していれば車からの目線になりますし、自転車に乗っていれば自転車からの目線になる。当たり前のことですが、その当たり前をつい忘れてしまいがちです。

　相手の言動に腹が立って責めたくなったら、責める前にその人の立場になって考えてみましょう。もしも自分が反対の立場だったらどうするだろう。立ち止まって想像してみるのです。そのほんの少しの想像力が人生を生きやすくしてくれます。

お盆

15日

ご先祖様のお墓参りをしましょう

お盆とは、仏教の「盂蘭盆会《うらぼんえ》」からきたものです。「盂蘭盆」とは、御霊《みたま》つまりご先祖様の霊魂です。旧暦の七月十三日〜十六日(十五日)、ご先祖様の魂がこの世界に帰ってきます。私たちはその霊魂をお迎えし、もてなす。それがお盆のさまざまな習慣です。

お盆には、ぜひお墓参りをしてください。あなたは数えきれないほどのご先祖様とつながっています。その誰か一人が欠けても、あなたという人間はこの世に生まれることはありませんでした。お盆は、自身の命のありがたさに気づく日でもあります。

送り盆

16日

現代の「藪入《やぶい》り」を実行してみましょう

江戸時代、小正月の一月十五日とお盆の七月十五日の翌日、つまり一月十六日と七月十六日は藪入りの日でした。藪入りとは、女性が嫁入り先から実家に戻ったり、あるいは丁《でっ》稚《ち》や女中さんが奉公先から実家に帰ったりして羽を伸ばすことができる一日です。現代では見られなくなりましたが、日ごろ忙しくしている人をねぎらう素敵な習慣だと思います。

家族で現代版の藪入りの日をつくってみてはいかがでしょうか。普段はなかなか顔を出せない実家に足を運んでみるのです。家庭が円満になりそうです。

17日

自分を責めるのはやめましょう

「どうしてあのとき、もっと優しい言葉をかけてあげなかったのだろう」「もっと親孝行すればよかった」……。亡くなった両親のお墓の前で、後悔の念にさいなまれる人もいると思います。亡くなった人に対して後悔の念を持つのは、その人のことを愛していたがゆえです。愛情が強ければ強いほど、そこから生まれる後悔も多くなるのかもしれません。

自分を責める必要などまったくありません。後悔をするよりも、その気持ちに向き合って、弔いの心につなげることです。

海の日

18日

お金の使い方にメリハリをつけましょう

お金の使い方は人それぞれです。日々の暮らしをできるだけ節約して貯金を殖やすことを生きがいにしている人もいれば、給料をもらったら潔く使いきって楽しもうとする人もいます。どちらの使い方が正しく、どちらが間違っているということはありません。

少なくともお金は、人生を豊かにするためにあることには違いありません。自分が豊かになれることは何か、それを真に知っていれば、どんな使い方でもよいのです。大切なことは、メリハリをつけた使い方をすることです。

19日

一人旅に挑戦してみましょう

夏休みが取れたら一人で旅に出てみるのはいかがでしょう。ひと昔前は女性が一人旅をしていると奇異な目で見られたものですが、今やごく当たり前。専用のパッケージツアーなども人気です。一人きりだと間が持たないとか、寂しいと思うかもしれませんが、日常を思い出してみてください。実は私たちは一人になる時間がとても少ないことに気づくはずです。

人間には一人きりになる時間が必要です。「人疲れ」から心を解放するためにも一人旅は最適。それは自身を見つめ直す時間にもなります。

夏土用入り 20日

「う」のつく食べ物で精をつけましょう

夏《なつ》土用《どよう》とは立秋前の十八日間のことで、七月二十日ごろが夏土用の入りとなります。夏の土用には、夏バテしないように「う」のつく食べ物——ウナギのほか、ウリ、梅干し、うどんなどを食べて精をつけます。とくにウナギはビタミンAやビタミンDが豊富で、夏やせ・夏バテに効くとされています。このほか、地方によっては土用シジミや土用餅などを食べる習わしが今でも健在です。本来のウナギの旬は、身に栄養を蓄える晩秋から初冬ですが、夏疲れを感じたらウナギで滋養補給するのもよいでしょう。

21日

変化に動じない心を持ちましょう

人生には突然予期せぬ出来事が起こります。災害に遭ったり、会社が倒産したり、大切な人が急逝したり。そんなとき人は、目の前で起きていることに心が追いつかず、何も考えられなくなったり、動揺してしまったりするでしょう。それは当たり前のことです。

しかし、それを長引かせないようにしましょう。どんなに気持ちが動揺していたとしても、次にはしっかりとそれを受け入れること。そして心にとどめないようにするのです。

動じない心とは、動揺を持ち続けない心のことです。

22日

おすそ分けや、お返しをしましょう

日本には「おすそ分け」と「お返し」の習慣があります。自分の畑で野菜を収穫したら、近所の人におすそ分けをする。いただいたほうは何かのときにお返しをする。

これは「ギブ・アンド・テイク」の発想ではありません。

こちらは芋を十キロもあげたのに、お返しは栗が一個だけだった。そんなふうには考えません。おすそ分けやお返しは、心のやり取りなのです。おすそ分けやお返しを、上手に暮らしに取り入れてみましょう。お互いの心に灯がともります。

大暑・土用の丑の日

23日

夏真っ盛りのもっとも暑いころ

一年でもっとも暑い時期、「大暑《たいしょ》」です。梅雨が明けて多くの小中学校では夏休みが始まり、本格的な夏の到来です。夏の土用の入りから十日ほどを経た七月の終わりごろが土用の丑の日にあたります。

土用の丑の日にウナギを食す習慣は蘭学者の平賀源内が「丑の日に『う』のつく物を食べると夏バテしない」との伝承をウナギ屋に伝えたのが始まりといわれています。

年によっては「二の丑」といって、丑の日が二回巡ってくることもあります。二〇二二年は八月四日が二の丑です。

24日

土用干しをしてみましょう

この時期になると、昔の人たちは家の中のいろいろな物を外に持ち出して日差しに当てたものです。着物や履物ばかりでなく、小さな茶簞《ちゃだん》笥《す》なども外に出して干していました。それが土用干しの習慣です。

太陽の光には殺菌作用があります。衣類や靴、カバンなど、二時間ほどでよいので、屋外に干して日光に当てましょう。それらの物が殺菌されることに加えて、太陽の香りに包まれるので、懐かしく温かい気持ちにさせてくれます。

昔の習慣に触れることは、物だけでなく人の心にも作用を及ぼすのです。

25日

「お互いさま」の心を持ちましょう

欧米には「ギブ・アンド・テイク」という言葉があります。たとえば相手から一万円のプレゼントをもらったら、同等のお返しをする。お互いに平等であるからこそ人間関係が続くという考え方です。

それに対して日本には「お互いさま」という言葉があります。人は助けたり助けられたりの関係だと考えるのです。お返しを期待するということではなく、困っている人には手を差し伸べ、自分が困ったときには誰かに助けてもらうという日本ならではの美しい心です。今日は「お互いさま」を心がけてみましょう。

26日

気持ちはきちんと言葉で伝えましょう

自分の考えや気持ちを相手に伝えるためには言葉が必要です。ところが夫婦でも親子でも友人でも、つき合いが長くなってくると、その言葉が少なくなっていきます。「言わなくてもわかり合えている」と思ってしまうのです。言葉にしないことを日本人の性質や美徳のように思う人もいますが、それは違います。

多くの言葉を駆使する必要はありません。ほんのひと言でもよいので、しっかり言葉にして相手に気持ちを伝えましょう。長いつき合いであればあるほど、とくに感謝の気持ちは積極的に伝えることです。

27日

楽することを優先するのはやめましょう

目の前に二本の道があるとき、私たちは苦労することがわかっている道は選ぼうとしませんね。つい楽な道を選ぼうとします。それは悪いことではありません。

しかし、楽な道は、決してあなたを強くしてはくれません。楽な道ばかり歩く習慣がついてしまうと、その先必ずやってくる苦難に立ち向かう力はつきません。

ときには楽ではないほうの道を意識的に選んでみましょう。強さが養われるのはもちろんのこと、思いがけず自分の力を発見できることもあります。

28日

考えごとはすっきりした空間でしましょう

雑然とした風景の中にいると、心までもが雑然としてきます。何か考えごとに集中したいと思っても、目に入ってくるさまざまな物や情報が思考の邪魔をしてきます。

部屋の中に、余計な物がない空間は必要です。それほど広いスペースは必要ありません。たとえば、デスクがあるのなら、その周りはいつも何もない状態にしておくのです。

そんなデスクの前に座って、じっくりと考えごとをしてみてください。きっと頭の中もすっきりと整理できるはずです。見ている物に心は影響を受けていると意識しましょう。

29日

昼寝で体力を回復させましょう

暑い夏に、大工や職人が仕事場で短い昼寝をすることを「三尺寝《さんじゃくね》」といいます。三尺（約九十センチ）ほどのスペースで寝ることから、あるいは日の影が三尺ほど移動する間眠ることからこの名がついたそうです。暑さで体力が奪われるこの季節を過ごすための暮らしの知恵です。

現代の暮らしにも、ぜひ昼寝を取り入れましょう。横になる必要はありません。ほんの十分でよいので目を閉じてみるのです。昼休みに、目の疲れが取れ、気分もすっきりして、午後からの仕事がはかどります。

30日

お金に代えられない物について考えましょう

今、あなたには欲しい物がありますか。新作のバッグが欲しい、新車が欲しい、マイホームが欲しい……。欲しい物があるのは悪いことではありません。しかし、今一度、自分に問いかけてみてほしいのです。

それさえ手に入れられれば、あなたは満足するのか、と。

たとえば健康。たとえば家族の団らん。たとえば大切な人の笑顔。これらはすべてお金で買うことはできません。お金に代えられない物に囲まれて自分たちが生かされていることに気づくことが大切です。

人にしてあげたことはすぐに忘れましょう

誰かに何かをしてあげたときには、すぐにそのことを忘れましょう。なぜなら、してあげたことをいつまでも覚えていると、「自分があれをしてあげたのだから、あの人からお返しが欲しい」と、お返しや見返りを求める気持ちが出てきてしまうからです。そして、思ったようにお返しや見返りがなければ、いつまでも心の中がもやもやするでしょう。

人にしてあげたことはすぐ忘れること。反対に、してもらったことは忘れないこと。それが人づき合いをよくするコツです。

8月

莫妄想
（まくもうぞう）

「妄想」の意味は「誇大妄想」とは違い、物事を二元的に考えることを表しています。二元的に考えるとは、すなわち比較をすることです。たとえば自分が持っている物と、相手が持っている物を比べる。相手のほうが高価であればそれをうらやましく思い、ねたましくなる。この妄想がある限り、不要な物欲は増殖するばかりです。

比較することをやめて、自分にとって何が必要で何が不要かを見極めること。それがこの言葉の教えです。

1日

自分を変えるのは自分だけだと知りましょう

自分を変えたいけれど、あの人のせいで変えられない。仕事がよくできないのは環境のせいだ、などと考える人がいます。人のせい、環境のせい、周りのせい。それさえ変われば自分も変われるのに、と。

しかし、それは勘違いです。周りのせいにしている人は変わることはできません。たとえ周りが変わったとしても自分の本質は変わらないからです。

どんな自分でありたいのか。どう自分を変えたいのか。その答えを出すことが自分を変える第一歩です。

2日

負の感情を翌日に持ち越すのはやめましょう

職場や家庭で意見が食い違って、お互いに嫌な感情を抱くことがあります。どんな人間関係においても、感情や考え方がぶつかることはよくあることです。

大切なのは、そうした負の感情を翌日まで持ち越さないことです。できればその日のうちに関係の修復を図りましょう。

負の感情は、長引けば長引くほど修復はむずかしくなります。

嫌な感情を抱いたら、大きく深呼吸をして感情をリセット。今日の怒りは今日だけのものと考えましょう。

3日

自分のタイプを決めつけるのはやめましょう

「私はそういう人だから」「そういうタイプじゃない」などと自分のことを決めつける人がいます。たとえば趣味にしても、アウトドア派だとか、インドア派だと思い込む。

ですけれども、あなたが思う自分とは、本来の自分でしょうか。もしかしたら周りの人からの評価や、思い込みかもしれません。

自分をタイプ分けするのはやめましょう。本来の自分は、決まったタイプに納まるものでも、他人の評価に振り回されるものでもないはず。いろいろなことにチャレンジし、発見していくものです。

4日

持ち物でなく、生きる姿勢を比べましょう

誰かと自分を比べないで生きたい。そう思っていても、やはり人は他人と自分を比べながら生きているものです。

なぜなら、人は他人と比較することで自分がわかるからです。「私はそうは思わない」「私はこっちが好き」など、比較することで、改めて自分自身がわかることがあるものです。また、比べてみることで自分の考えが明確になったり、勇気や元気をもらうこともあるでしょう。

他人と比べることで大切なのは、生きる姿勢を学ぶことなのです。

5日 相手の意見に耳を傾けましょう

世の中ではさまざまな場所でさまざまな議論が交わされています。とくに最近はSNSの普及で自分の意見や考えを発表することが容易にできるようになりました。

たとえばこんな投稿のやりとりがありました。通勤電車にベビーカーを乗せてもよいのか。満員だから乗せないことが正しい。電車は誰もが乗る権利がある。いろいろな意見があってよいと思いますし、あるのが当然です。

しかし、こういう場合に陥りがちなのが、自分の意見だけが正しいと思い込むこと。相手の意見に耳を傾けましょう。

6日 今いる場所を輝かせましょう

ここは自分のいるべき場所ではない。あるいは、こんな仕事は自分に向いてない。そう考えて悩んでいる人がいます。しかし、そういう人は決して、望む場所、望む仕事にたどり着くことはできません。

「人間到処有青山（じんかんいたるところせいざんあり）」という禅語があります。「人間は自分次第で、どこでもことをなすことができる」という意味です。場所が気に入らないなら好きになる工夫をする。仕事が向いてないなら向く努力をする。今いる場所は自分次第で輝かせることができます。

立秋

7日

暑さの中にも秋の気配が漂い始めるころ

まだまだ暑さが厳しい時期ですが、暦の上では「立秋《りっしゅう》」。この日から秋です。

この時期の季語に「秋隣《あきとなり》」という言葉があります。読んで字のごとく「秋が隣にやってきている」という意味です。朝晩の風が涼しくなったり、虫の鳴き声が変化したりするのを肌や耳で感じながら、秋がすぐ隣まで来ていることを感じる、なんとも風流な言葉だと思います。

この時期に旬を迎えるのが桃です。八月八日から十日までは「八《は》九《く》十《とう》」の語呂合わせから「白桃の日」とされています。

8日

掃除に没頭してみましょう

心を空っぽにして何も考えない。まさに無の状態になる。禅僧の修行はその境地を求めて行われます。そうはいっても、心を無にするのは、相当にむずかしいものです。

しかし、何かに没頭しているときは、無の境地に近いものです。それは仕事や勉強に集中しているということとは違います。

たとえば掃除。雑巾がけなど拭き掃除をしていると、思いがけず無の状態になっているものです。何も考えない時間を持つには、掃除が最適です。頭の中が整理されるうえに、身の回りがきれいになるのですから一石二鳥です。

9日

朝日と夕日を眺める習慣を持ちましょう

朝日が昇り一日が始まる光景は、私たちの心を元気にし、奮い立たせてくれます。今日も頑張って仕事をしよう、そう思わせる活力が体の底から湧いてきます。

そして一日の終わりを告げる夕日。夕焼けの空を見ていると、今日も一日頑張ったな、と自分をいたわり、また明日頑張ろうと思えます。

朝のスタートと仕事終わりには、朝日と夕日を眺める習慣をつけましょう。その時間が心の余裕をつくります。さっそく今日の夕方から始めましょう。

10日

過去の自分を慈しみましょう

仕事で成果を出し、周囲の評価も得ている女性が言いました。「私の人生は本当にこれでよかったのかと思うときがあります」。結婚や出産をせず仕事だけに人生を賭けてきた自分の人生を振り返り、もっと違う人生があったのではないかと思ったのでしょう。

しかし、どんな選択も、そのときの自分にとっては最適だと考えて選択したことを忘れてはいけません。最適な選択の結果が今なのです。後悔したり否定したりする必要はありません。大切なのは、頑張ってきた自分を慈しんであげることです。

山の日

11日

わかってほしければ、わかってあげましょう

仏教の考え方に「中道《ちゅうどう》」があります。どちらか一方に決めるのではなく、真ん中に答えを見いだすわけです。バランスが大事ということ。世の中で起こっているほとんどのことは、中道で考えればよいということが多いでしょう。

同じように、自分の話を聞いてほしかったら、自分の意見を押しつけるのではなく、まず相手の意見を聞き、理解しようとすることが大切です。相手をまず受け入れ、耳を傾けることから始めましょう。

12日

自分の選んだ道で幸せになると信じましょう

「大道通長安（だいどうちょうあんにつうず）」。どんな道を選んでも長安に通じるという意味の禅語があります。長安とは唐王朝の都で、当時世界最大級の繁栄を誇りました。自分の進む道を信じ、自分のやるべきことを重ねていけば必ず幸せになれる。信じて進むことが大切だと教える言葉です。

余計なことを考えずに、今やるべきことに集中し、目の前の仕事を一生懸命やっていれば、自分が選んだ道ならばどの道を進んでも、必ず幸せになれます。

月遅れ迎え盆

13日

迎え火をたいてご先祖様を迎えましょう

旧暦の七月に行うお盆を、新暦の八月十三～十六日に合わせて行うお盆で、これを正しくは「月《つき》遅《おく》れ盆」といいます。

この日にはご先祖様が迷わず帰ってこられるようにと、迎え火をたく習慣があります。夕方にお墓にお参りに行き、家に戻ったら玄関にあらかじめ用意しておいた陶器のお皿のオガラに火をつけ、燃やします。この煙が目印となり、ご先祖様の御霊が家に帰ってくるのです。

夏休みの一日、子どもや親戚たちと一緒にご先祖様をお迎えしましょう。

14日

行き詰まったときには、お墓参りに行きましょう

悩みごとがあったり、仕事につまづいたりしたとき、お墓参りをしてみてはいかがでしょう。お墓に眠っている両親や祖父母、そのまた両親……。その魂に向かって悩みを打ち明けてみるのです。

言葉が返ってくることはありませんが、もしも父が生きていたらどんなアドバイスをくれただろうか、母が聞いたらなんと言ってくれるだろうか。そう考えることで、気がつかなかった答えに出合えることがあります。そこには言葉を超えた何かがあります。

月遅れ盆

15日

家族が集まる日をつくりましょう

小さいころは家族と一緒に食卓を囲んだことでしょう。しかし大人になるにつれ、なかなかそういう機会がなくなるもの。新しい家庭を持つとなおのことですが、家族が増えるというのはそういうことでもありますから、仕方のないことです。

しかし、お盆やお正月にはみんなで集まる日をつくりましょう。懐かしい親戚や両親、兄弟姉妹との出会いは心が弾み、和むものです。さっそく、家族に連絡してみてはどうでしょう。

月遅れ送り盆

16日

送り火をたいてご先祖の御霊を送りましょう

家にお迎えしたご先祖の御霊を再び見送る送り盆の日です。送り火をたいて帰っていただきます。これは各地域で行われており、有名なのは京都の五山《ござん》の送り火です。「大文字焼き」とも呼ばれ、五つの山に「大」の文字のほか四つの文字や形の火をともします。山がない地域では灯籠流しがこれに代わります。灯籠に戒名を書いて海や川などに流します。漁師町などでは、木材で立派な船の模型をつくって、それに火をともして海へ流す地域もあります。なじみ深い方法で御霊を見送りましょう。

17日

欠乏感は充足の印と知りましょう

とくに困っていることや具体的な悩みはないのですが、なんとなく不安を感じたり、どうしようもない欠乏感を感じたりすることがあります。なぜか心が満たされない。その感覚は、実はとてもぜいたくなものです。現実に生活に困っていたり、具体的な悩みを抱えていたりすれば、まず目の前の問題と向き合わなくてはならず、そういうときには漠然とした欠乏感には襲われないもの。

「なんとなく」を感じたときは、心の内を振り返ってみましょう。実は満たされていることに気づくかもしれません。

18日

「今日やるべきこと」を書き出しましょう

アップルコンピューターのアップル社を創業したスティーブ・ジョブズは、毎朝鏡の前に立ち、自分自身にこう問いかけていたそうです。「今日お前がやるべきことは何か。それは本当にお前が望んでいることなのか。それとは別にやるべきことがないか考えろ」と。

自分が今日やるべきことを紙に書き出しましょう。やるべきことから目をそらしたり、先延ばしにしたりせず、心からそれをやりたいか自問するのです。

その問いかけを続けると、生きるべき道が明確になります。

19日

ワクワクのない日常に感謝しましょう

毎日、朝起きて掃除や洗濯をし、昨日と同じように仕事をこなし、食事をつくったり買い物に行ったりして一日が終わる。いったい自分の人生ってなんなのだろうか。もっとワクワクするようなことはないのだろうか、と思うことはありませんか。

日々の暮らしに、ワクワクするような出来事はめったに起こるものではありません。人生は淡々とした日常を繰り返し、一日が当たり前のように過ぎるもの。そんな日常こそが幸せなのです。ワクワクはその当たり前の中から見つけて感謝するものです。

20日

思いを伝える前に考える時間を持ちましょう

たとえば友人に腹が立つことがあったとします。すぐさまそれをメールしてしまった、という経験はありませんか。

これは相手に感情をぶつけたということになります。

ほんの少し、立ち止まってみてください。自分にも何か原因があったはずです。腹は立つけれど、そこまできつく言う必要はないかと思い直すこともできたはず。

湧き起こってきた怒りの感情を、すぐに伝えることは控えましょう。いったん自分の心に収めることが大事です。

21日

新しょうがで夏の疲れを解消しましょう

お盆を過ぎると、急に秋の気配が感じられるようになります。そろそろ夏の疲れがたまってくる時期でもあります。

そんな夏の疲れを解消するのにぴったりなのが、この時期に旬を迎える新しょうがです。しょうがは古くから食用としてだけでなく、薬用としても用いられてきました。新陳代謝を活発にし、血行をよくしてくれる作用があります。定番の甘酢漬け以外に炊き込みご飯やジンジャーシロップなどにして、楽しみながら疲れを回復しましょう。

22日

カバンから不要な物を取り出しましょう

朝出かけるとき、その日の天気を気にしたり、これから会う人、今日やることなどを考え、これは必要かもしれない、もしかするとこれも……と、どんどんカバンに詰め込んだりする人がいます。

準備をすることは大切なことですが、「もしかしたら必要になるかも」と考える九割の物は、必要がないもの。「備えあれば憂いなし」の荷物は、たいがいの場合「備えあれば重いだけ」です。大きな荷物は不安を持っているようなものです。身軽になって出かけてみましょう。

処暑

23日

暑さが収まり 夜の虫たちが鳴き出すころ

「処《しょ》暑《しょ》」とは、夏の暑さが少し和らぎ始めるころのこと。「処」には「おさめる」の意味があります。

この時期に旬を迎える果物にすだちがあります。酸味が強すぎず、さっぱりとした味わいのすだちは、揚げ物や焼き魚に欠かせません。徳島が特産で、疲労回復や風邪の予防として昔から食されています。またこの時期は魚のかさごも旬です。見た目はとげだらけですが、その姿と裏腹に、とても上品な味わいです。刺身はもちろん、煮ても焼いても美味ですから、今日の食卓にいかがでしょう。

24日

悪意ある言葉は笑顔で受け流しましょう

世の中はいつも温かく優しい言葉であふれているわけではありません。残念なことに、悪意ある言葉や人の心を傷つけるような言葉も飛び交い、そんなひと言で心が参ってしまうこともあります。

自分の心が傷つくような言葉を投げかけられたとき、売り言葉に買い言葉で同じように相手を傷つける言葉を返してはいけません。それは自分が相手と同じ醜い心を持つことになります。

悪意ある言葉に出合ったときは笑顔で受け流し、さっさとその場から逃げてしまうことです。

25日

「当たり前」の数を数えましょう

私たちは日々、当たり前のように呼吸しています。しかし高い山に登ると途端に酸素は薄くなり、呼吸が苦しくなってきます。そういうとき、人は初めて呼吸できることのありがたさを知ります。

日々の暮らしもこれと同じです。

毎朝目が覚める。食事をする。散歩をする。これらの「当たり前」が失われたとき、人はそれがどれほどありがたいことかに気づきます。

「当たり前」の数を数えましょう。

当たり前のことが当たり前にあることは、幸せなことなのです。

26日

天気のよい日に布団を干しましょう

洗濯機のおかげで、洗濯はとても楽な家事になりました。最近では自動的に乾燥までしてくれます。ふっくらとしたタオルや洋服は幸せな気分を運んでくれます。

同じように布団乾燥機も人気がありますが、ときには太陽の光の下に布団を干しましょう。太陽をいっぱいに浴びた布団は、日光と風を含んでふかふかになるだけではなく、眠りも深くしてくれます。寝苦しい夜も快適になりますから、そんなリフレッシュ法を試してみてはいかがでしょう。自然の恩恵はすぐさま日常を豊かにしてくれます。

27日

種から花を育ててみましょう

部屋の中にグリーンを置くのは視覚的にもとてもよいものです。もし何もないようでしたら、花を育ててみてください。小さな鉢を買ってきて種をまき、水をやる。小さな芽が出たり、花が咲いたりする様子を眺めていると、自然というものは常に変化していることに気がつきます。

花を育ててみましょう。ハードルが高ければ、鉢植えを買うのもおすすめです。

植物が日々変化するように、私たちもまた変化しているのです。

28日

お寺に出かけておさい銭をあげましょう

お寺にお参りをしておさい銭をあげたり、お布施をしたりすることを「喜捨」といいます。このお金は、お寺の修繕や維持、改修や運営のために使うほか、僧侶の必要な物を買ったり、仏様へのお供え物を購入したりするなど、さまざまな用途に使われます。

お寺に出かけて「いつも見守ってくださってありがとうございます」と心の中で言いながら、おさい銭をあげましょう。見返りを求めず、おごりもないその行為が、新しい物が入って来る循環を生み出します。

29日

「仲よし神話」の呪縛から逃れましょう、

新しい出会いがあると、仲よくしなくてはと心を砕く人がいます。たとえば一緒に仕事をする同僚とは仲よくしなければならない、近所の人たちとは仲よくしたほうがよい、というように。しかし、そんなことばかり考えていると、人間関係にがんじがらめになってしまいます。

「仲よし神話」にとらわれる必要はありません。会社の同僚とは仕事上でうまくつき合えればよい。近所の人にも笑顔であいさつできれば十分です。それ以上を求めようとするから負担になるのです。

30日

自分の心を喜ばせましょう

いつも何かに不満を抱いている人がいます。仕事に対する不満、人間関係に対する不満、自分への評価に対する不満、はては自分自身に対してまでも不満を持ちます。

どうすればこれらの不満を取り除けるのでしょうか。

それは、自分の心を喜ばせることです。なぜなら、すべての不満は自分の心が生み出しているものだからです。

自分の心を喜ばせ、満足する心に目を向けられるようになると不満は解消していきます。自分を喜ばせる何かをまず一つ、やってみましょう。

31日

ときには寄り道をしてみましょう

子どものころ、学校からの帰りに寄り道をしたことはありませんか。通学路から少し外れて初めての道を帰るとき、これまでに見たことのないような風景を見て新鮮な気持ちになったのではないでしょうか。

　どんなときに寄り道をしていたか思い出してみてください。先生に叱られたり、テストの点数が悪かったり、友達とけんかしたり……。そこから逃避したい気持ちがあったこともあるでしょう。大人でもこの気持ちは変わりません。心が疲れたときは、ちょっと寄り道してみましょう。

9月

薫習（くんじゅう）

春と秋の衣替えでは、それまで着ていた着物をタンスにしまいます。そのときに昔は、虫よけのためにお香を一緒に入れました。そして再びの衣替えを迎えたとき、タンスから出した着物にはお香の香りがほんのりとついている。これが薫習です。

人間関係もこれと同じです。正しい考え方と美しい振る舞いの人の近くにいれば、それだけで自分の振る舞いも美しくなっていきます。よこしまな考え方をする人間の傍らにいれば、こちらの心も汚れてきます。尊敬するに値する人のそばにいることです。

二百十日

1日

二百十日は秋の実りの無事を祈る風祭

「二《に》百十日《ひゃくとおか》」とは雑節の一つです。雑節とは二十四節季とは別の、季節の変わり目の目安になる日のことをいいます。

二百十日というのは、立春から数えて二百十日目にあたる日で、新暦の九月一～二日ごろです。この時期には台風が来ることが多く、農家の人たちにとっては厄日とされました。稲の収穫の時期に台風が来ないように、各地で作物の無事を祈る風鎮めの祭りが行われます。富山県の「おわら風の盆」もその一つです。

台風の日には、このような様々な無事を祈って過ごすのもいいでしょう。

2日

防災袋、備蓄食を点検・整理しましょう

地震や大雨などの災害はいつ襲ってくるかわかりません。被害に見舞われた際、数日間は家の中で過ごさなくてはいけないケースもあります。そのためにさまざまな備蓄をする人も増えていますが、現実には備蓄していた食品の賞味期限がいつの間にか切れてしまっていることも。

備蓄とは、たくさんの物を蓄えればよいというものではありません。一年に一度ストックを見直しましょう。防災袋の点検には、心の準備も含まれるのです。

3日

「独り勝ち」に幸せはないと知りましょう

「独り勝ち」という言葉があります。格差社会といわれる現代社会では、自分だけがお金持ちになれればよい、自分だけがよい思いができたら、ほかの人のことはどうでもよい……。そんな考えが世の中にまん延しているように思えます。

仏教の世界に「独り勝ち」の考え方はありません。自分だけが勝っても人は幸せにはなれないと考えるからです。「独り勝ち」でなく「みんなで幸せになる」。幸せを共有するという考え方をしてみましょう。

4日

感情をコントロールしましょう

喜怒哀楽は誰の心にもありますから、それを抑えることはできません。また無理に抑える必要もないでしょう。しかし、だからといってその感情をストレートに表に出せば、人間関係は崩れてしまいます。思ったことをそのままぶつけるのは子どもがやることです。

大人になるとはどういうことか。それは自身の感情を上手にコントロールできるようになることです。これは訓練次第で誰でもできます。自分の感情を客観的に見ること。そういう習慣を持ちましょう。

5日

感謝する癖をつけましょう

日常生活の中のささいなことに、常に感謝の気持ちを持ちましょう。たとえばエレベーターのドアが閉まりそうなとき、中に乗っている人がドアを開けてくれる。そんな小さなことにでも「ありがとうございます」と感謝の言葉を口にするのです。夫や妻が何かしてくれたら、それにも「ありがとう」の言葉を添える。

感謝をする癖をつけましょう。感謝は誰かのためにするのではありません。感謝の気持ちを持つことは、自分自身が生きやすくなることでもあるのです。

6日

修理できる物は修理して使い続けましょう

私たち禅僧は物を大切にします。日ごろ着ている作務衣はもちろん、電化製品なども可能であれば修理して使い続けます。

今や使い捨ての時代です。修理するより新しい物に買い替えたほうが安くすんだり、修理部品が手に入らなかったりすることもあるでしょう。しかし、安易な買い替えは心を貧しくします。修理ができる物はなるべく修理をして使いましょう。物を修復することと、心を修復することは似ています。物を粗末にする人は、自分や他人も粗末にする人です。

7日

里山散策を楽しみましょう

山の麓に人々が住み、山には動物たちが暮らす。人と動物がお互いに干渉し合わないように共存している場所、それが里山です。

かつてはこのような里山がどこにでもありました。里山に踏み入ると、木々の下に落ちた木の実を動物たちが食べた跡があちらこちらに残っていることを発見できます。そんな風景に出合うとき、人間も動物と同じ自然の中で生かされていることに気づきます。

休日を利用して、里山まで足を延ばしてみるのもよいですね。

白露

8日

白い露が秋の草に下りるころ

秋分の日の十五日前を「白露《はくろ》」といいます。草に下りた露が白く光って見えることからこの名がつきました。

ようやく残暑が落ち着き、朝夕の涼しさが際立ってくる時期です。このころ秋の七草が秋の深まりに合わせて順番に咲いていきます。はぎ、すすき、くず、なでしこ、おみなえし、ふじばかま、ききょうの七つです。この中でもっとも万葉集で歌われているのが、はぎです。秋の花としてなじみ深い植物です。秋の風景を探してみてはいかがでしょう。

重陽の節句

9日

栗ご飯と菊酒で秋を味わいましょう

九月九日は「重陽《ちょうよう》の節句」と呼ばれる菊の節句で、長寿を祈る日です。かつては旧暦でしたので、ちょうど菊の花が盛りを迎える時期でしたが、新暦では菊の季節には少し早いようです。平安時代の宮中では、菊を飾り、盃に菊の花びらを浮かべた菊酒を飲んで詩歌を詠み合いました。

また栗の節句ともいわれ、栗ご飯を食べて作物の収穫を祝い、感謝の気持ちを捧げる収穫祭も行われていました。節句は願いと祈りの日ですから、菊酒を飲んで願いと祈りを捧げるのもよいですね。

中秋の名月

10日

美しい月を愛でましょう

旧暦の八月十五日の満月を「中秋の名月」と呼びます。旧暦で秋は七月、八月、九月を指し、真ん中の八月を中秋といいました。十五日の夜なので「十五夜の月」とも呼ばれます。この日に月が雲に隠れて見えないことを「無月《むげつ》」、雨が降って雨雲で見えない月を「雨《う》月《げつ》」と呼びました。そのほか、月の満ち欠けによってもさまざまな名称があります。

この時期は里芋の収穫時期でもあり、豊作への感謝を込めて「芋名月」などとも呼ばれていました。そんなことを思いながら今日の食卓に里芋の料理はいかがでしょうか。

11日

いつもと違う食材を買ってみましょう

毎日の献立を考え、買い物をするのはときに面倒に感じるものです。そんなときには、目先を変えていつもは買わない食材を買ってみましょう。

いつもより少し高いお肉を買う。食べたことのないフルーツを買う。いつもと違うデリカテッセンでお総菜を買ってみるのもいいかもしれません。そういう買い物をしているときは、食事をするときの家族の笑顔が目に浮かんでくるでしょう。

誰かの笑顔を想像しながらする買い物は、きっとあなたの心を満たしてくれます。

12日

縁をつなぎたければ一瞬を大切にしましょう

初めて出会った人がとても素敵で、この人と縁をつなぎたい、これからもおつき合いしたいと思うことがあります。しかし、とかく日本人は遠慮深く、人づき合いに消極的なものです。自分から「連絡先を交換しましょう」となかなか言えない人も多いでしょう。でも、それでもよいのです。

その人と縁をつなぎたければ、その人と会っている一瞬を大切にしましょう。一生懸命にその人の話に耳を傾け、笑顔の時間を共にする。それだけで「また会いたい人」と思ってもらえるようになります。

13日

挑戦する前に思い悩むのはやめましょう

新しいことに挑戦してみたい。そんな気持ちは誰にもあるものです。しかし、それを実行する人と、挑戦する前に諦めてしまう人がいます。その違いはどこにあるのでしょうか。

挑戦を諦めてしまう人は、自分には結果が出せないと思い込んでいる人です。

さらに、失敗してはいけないと思うと、悩みばかりが増えて動くことができません。

大事なことは結果ではなく、挑戦する心です。挑戦に悩みは不要です。今思い浮かぶ悩みや不安の多くは、挑戦したあとに考えても問題ないのではないでしょうか。

14日

人の性格をタイプ分けするのはやめましょう

人を色眼鏡で見ていませんか？　あの人は○○な人、この人は△△な人というように。タイプ分けすることで、自分は安心できるかもしれませんが、それでは大切なご縁を逃してしまうものです。

自分が型通りのタイプに分けられないように、相手も同じです。あなたが人に見せている性格が一面でしかないように、その人の一面しか周りの人は見ていないのです。タイプ分けすることで自分の気持ちは楽になったとしても、それは決してよい縁につながるとは言えません。フラットに相手を受け入れる心を養いましょう。

15日

自然の中でぼーっとする時間を持ちましょう

禅語に「非思量《ひしりょう》」という言葉があります。すべてを頭から追い出して考えごとをしない状態のことで、「無の境地」ともいいます。この状態に到達するためのコツは、雑念が湧いても取り合わず、流すことです。

自然の中に身を置き、何も考えない時間を持ちましょう。

公園のベンチに座って、雑念が浮かんだら、そのまま流していきます。一日に十分も行えば、それだけで心は軽くなるでしょう。早速、昼休みに近くの公園に出かけてみませんか。

16日

お金の使い方に清規《しんぎ》をつくりましょう

禅語に「清規」というものがあります。これは、どんなことがあっても守らなくてはならない「規則」のことです。

お金の使い方に、自分なりの清規をつくっておきましょう。こういうぜいたくはしてもよいが、こういう使い方だけはしない、など自分自身の中で決めておくのです。

たとえば趣味にはお金を使うけれど、余計な洋服は買わないとか、大きな買い物は自分へのご褒美のときだけなどというように。散財が防げるうえに、生活そのものが整っていきます。

17日

好きなことをして生きましょう

「自分のやりたいことが見つかりません」という相談を学生から受けます。「自分が心から好きだと思えることをやればいいんだよ」と私はアドバイスします。しかしこの言葉を誤解して、好きなことや楽しいこと〝だけ〟をすればよいと考える人がいます。それは私の意図とは違います。心から好きなことに出合うためには、表層的な楽しさに心を奪われるのではなく、目の前にあるものに真剣に取り組む必要があります。苦労や失敗を重ねながら進むうち、本当にやりたいことにたどり着けるのです。

18日

他者を批判する前に自分を振り返りましょう

結婚して数年も経つと、すっかり夫が変わってしまったという話をよく聞きます。結婚前はあれほど優しかったのに、今では言葉もかけてくれないし、不機嫌な顔ばかりしているというのです。

もしそんな不満を抱いているのであれば、一度自分自身のことを振り返ってみましょう。あなたは結婚前と変わらぬ優しさで夫と接していますか。笑顔で会社に送り出していますか。

ご主人の姿は、あなた自身の姿でもあります。人に対して不満を持ったら、まず自分を顧みましょう

敬老の日

19日

年長者に感謝の気持ちを伝えましょう

九月第三月曜日は、「多年にわたり社会に尽くしてきた老人を敬愛し、長寿を祝う」敬老の日です。その由来には諸説ありますが、1947年に兵庫県の村長が農閑期に敬老会を行ったのが始まりとされています。一般的に孫が祖父、祖母をお祝いしますが、誰が誰を祝うのかに決まりはありません。

おじいさんやおばあさんが存命であれば、この機会に感謝と敬愛の気持ちを伝えましょう。すでに他界されているならば、命をつないでいただいたことへの感謝の気持ちで黙とうしましょう。

彼岸の入り

20日

命の連鎖を次世代に伝えましょう

春分の日、秋分の日を真ん中にして、前後三日間、合計七日間を「彼岸《ひがん》」といいます。初日が「彼岸の入り」で、中日《なかび》を「中日《ちゅうにち》」、その三日後が「彼岸の明け」です。

かつて彼岸の七日間は、毎日お墓参りをしました。故人やご先祖様に思いを寄せて、今自分がこうして生きていることの報告と感謝をしました。

命は自分のものだけではありません。綿々とつながっている命について、自分自身を振り返るつもりで考えてみてはいかがでしょう。

21日

ＳＮＳ断食をしてみましょう

肌身離さずスマホを持ち歩き、ＳＮＳを更新したり、誰かの投稿に「いいね」を押したりする。次々と届く反応に、誰かとつながっていることを確認して安堵し、少しでも相手からの返事が遅いとたちまち不安になる。

こうした精神状態は、子ども特有のもの。子どもは誰彼かまわずつながりを求める傾向があります。

大人とは、自分がどのような人と関わっていくべきかがわかっている人。それがわからない人がＳＮＳに頼るのです。たまにはスマホを封印し、ＳＮＳ断食をしてみましょう。

22日

自分の見栄の種類を振り返ってみましょう

自分を少しでもよく見せたいと思う気持ち——見栄は誰もが持っているものです。

見栄には二種類あります。一つは、他人の目ばかりを気にして、自分の本来の姿をごまかそうとするもの。これは自分自身にうそをついていることと同じです。いずれは化けの皮が剥がれてしまうでしょう。

もう一つの見栄は、自分の可能性を信じて、少しでも成長していくためのものです。こちらの見栄は、自己を高めていくために有用です。

今のあなたはどちらの見栄を持っていますか。振り返ってみましょう。

秋分の日

23日

秋の自然を慈しみ、亡き人をしのぶ

太陽が真東から昇り、真西に沈む日。昼と夜の長さが同じになる日。それが春分の日と秋分の日――春のお彼岸と秋のお彼岸――です。この日を境に日の入りの時間がだんだん早くなります。また、「暑さ寒さも彼岸まで」という言葉もあるように、徐々に季節が変わり始めます。

春分の日と秋分の日は、西方にある極楽浄土と現世がもっとも近いため、故人の御霊と通じやすいとされています。お墓参りをし、おはぎや故人の好きだった物などをつくって仏前や墓前に供えます。

24日

ポイントカードを整理しましょう

ほとんどの人は、財布の中に数枚はポイントカードを持っているでしょう。買い物をするたびにポイントがつき、ある程度たまれば、そのポイントを使って買い物ができるのですから、とてもお得です。

しかし、中にはポイントをためることが目的になっている人もいます。ポイントをためるために不要な物まで買い、たまったポイントでまた無駄な物を買う。無駄の連鎖です。思い切ってポイントカードは整理して、よく使う物だけを残しましょう。

25日

人間関係は勘に従ってみましょう

「ウマが合う」という言葉があります。理由はないが、なんだか気が合う感じのことです。その反対に、どこが嫌ということもないのにつき合いたくない人もいます。要は好き嫌いの勘のようなものです。

人を判断するときに、好き嫌いを勘で決めるのはよくないと思うかもしれませんが、こういう勘は案外当たっているものです。

ウマが合わないと感じたからといって、即座に縁を切る必要はありません。不要な縁はいずれ切れるものですから、静かに流れに任せましょう。

彼岸の明け

26日

自己解決できないことは放っておきましょう

日々の暮らしの中で、イライラすることは多々あるでしょう。電車が遅れればイライラしますし、子どもが言うことを聞かない、周りの人が思うように動いてくれないと言ってイライラする。

いつもイライラしている人は、考えなくてもよいこと、解決できないことをなんとかしようとしている人です。電車の遅れは自力でどうすることもできません。子どもも他人も自分の思い通りに動かないのは当たり前のことです。自分の力でどうしようもないことは放っておきましょう。

27日

お金を使う優先順位を考えましょう

欲しい物があるとき、それを一番から十番くらいまで思いつくままに紙に書き出してみてください。

次にその横に、今あなたが必要な物を書き出して、見比べてみましょう。欲しい物と必要な物は違うことがわかりますね。

欲しい物とは、「(なくてもよいけれど)あったらうれしい物」。必要な物とは、「生活になくてはならない物、生きるために必要な物」です。

お金を使う優先順位とは、人生の優先順位と同じだと心得ましょう。

28日

幸せは「感じる」ものだと知りましょう

「幸せになりたい」と人は言いますが、どんな状態が幸せなのでしょうか。お金がたくさんあれば幸せ。結婚すれば幸せ。本当にそうでしょうか。だとすると、お金が少ない人は不幸せなのでしょうか。結婚していない人は不幸ということでしょうか。

幸せというのは「なる」ものではありません。「感じる」ものです。日々の暮らしの中で「ああ、今、自分は幸せだな」と感じた瞬間こそが、幸せなのです。

今、目の前にあるものから、たくさんの幸せを感じてみましょう。

29日

誰からも好かれたいと思うのはやめましょう

誰からも好かれることがよいことだと思っている人がいます。そのため、必要以上に相手に迎合し、自分を抑えてしまいます。

しかし、そんなことを続けていると、自分らしさがどんどんなくなってしまいます。

誰からも好かれたい、などと思うのはやめましょう。わざわざ嫌われようとする必要はありませんが、自分らしさを失ってまで好かれる必要もないのです。

好きでもないけど、別に嫌いでもない。そう思われるくらいでよいではないですか。

30日

昔の幸せと今の幸せを比べるのはやめましょう

学生時代は毎日が楽しかった。結婚した当初は幸せな気分に満ちあふれていた、と過去の幸福感を思い出して、今の自分と比べてしまうことがあります。

もちろん過去の幸せを思い出すのは悪いことではありません。幸せな思い出が元気をくれることもあるでしょう。しかし、当時の自分と現在の自分では、幸せの種類がまったく違います。つまり、比べてみてもしょうがないのです。そうではなく、これから二十年後に思い出せるような幸せを、今つくっていくことです。

10月

無功徳（むくどく）

これをすればこんな得がある。これくらい努力すればこれだけの結果を得ることができる。人はつい結果、つまりは功徳を期待します。そんないっさいの果報を求めないことが禅の精神であると達磨大師は説いています。結果が出ないと落ち込むのは、結果ばかりを期待するからです。

「努力をすれば必ず報われる」という言い方をします。それは間違ってはいません。しかし報われるというのは結果が得られるということではなく、自身の人生が豊かになることを指しているのです。

衣替え

1日

虫干しと衣替えをしましょう

春夏の衣服から、秋冬物に入れ替えるころです。洗濯したりクリーニングに出したりしてからしまいますが、着物を着ていた時代は余計に手間がかかりました。まずは虫干し。数日間晴天の続いた乾燥した日を選び、一日かけて陰干しをします。湿気を飛ばしてからシミや布の傷みなどを点検し、畳紙《たとうし》で包んで虫よけにお香を入れ、片づけます。

虫干しや衣替えは面倒な作業ですが、衣類の要不要を確認したり、メンテナンスを行ったりするよい機会になります。

2日

体力の衰えは「熟練」ととらえましょう

年を重ねれば体力の衰えを誰もが痛感するものです。疲れがたまりやすくなり、若いころのように無理が利かなくなる。ああ、私も年を取ったものだと気持ちが落ち込むこともあるでしょう。老いへの恐れは誰にでもあります。しかし老いるのは悪いことではありません。

禅に「老い」という発想はありません。体の機能は衰えるでしょうが、生き方次第で精神が衰えることはないからです。「老い」ではなく「熟練」だととらえるのです。年を重ねるのも悪くないと思えませんか。

3日

完璧を追求するのはやめましょう

何ごとに対しても完璧を求める人がいます。それはよいことですが、こだわりすぎると、さまざまな弊害が生まれます。仕事の場合で言えば、どんなに自分が完璧にこなしても、ほかの人の手が入れば、すべてが思い通りにいくわけではありません。そのことでイライラすることもあるでしょう。

そもそも「完璧」というものは存在しないのです。自分が完璧であろうとする人は、周りにも完璧を求めます。それは孤立へとつながることになります。

4日

よい思い出に目を向けましょう

心理学によれば、人間の記憶のうち六割がよい思い出で、残りの四割が悪い思い出だそうです。実際は人生にはよい出来事と悪い出来事が半分ずつ起こっているはずで、どちらかに偏ることはありません。それでも六割がよい思い出として残っているというのは、きっと心の防御装置が働いているからに違いありません。人間はせっかくそんなよい機能を持っているのですから、最大限に活用しましょう。悪い思い出に目を向けず、よい思い出だけに心を注ぐことです。

達磨忌

5日

達磨大師の命日

禅宗の祖と呼ばれる達磨大師には有名な逸話があります。

あるとき弟子の慧可《えか》という和尚が達磨大師に尋ねました。「お師匠様、私は不安に襲われて夜も眠れません。この不安を消し去るのはどうすればいいのですか」と。すると達磨大師が答えました。「わかった。では私がその不安を取り除いてあげよう。その不安とやらをここに出して並べなさい」。

つまり不安には実態などなく、心がつくりだしている幻だと教えたのです。自分の不安を取り除けるのは自分だけです。

6日

ちょっとした不調を気にするのはやめましょう

朝起きたら、なんとなく体が重く、不調を感じる。そういうことは誰にでもあります。しかし、はっきりと病気の症状がなければ、ちょっとした体調の変化をいちいち気にするのはやめましょう。

私も朝の勤行《ごんぎょう》のときに、いつもより声が出ないなど、不調を感じる日はあります。そんなときは「今日は少し調子が悪いから、気をつけよう」。そう言い聞かせながら過ごせばよいのです。十の力で頑張るところを八くらいでよしとするというように。体の不調は自分に優しくするサインです。

7日 無駄な交際費を使うのはやめましょう

人づき合いのためにかけるお金は案外ばかにならないもの。冠婚葬祭は別としても、食事や宴席に誘われれば、関係性を壊したくないと思い断われない。人脈を広げようとして、つい無理をしてつき合ってしまうこともあります。そのような交際費で首が回らなくなる人もいるでしょう。

そもそも交際費とは、大切な人との絆を深めるために支払うお金です。自分にとって大切な人とは誰か。どんなご縁を結びたいと思っているのか。気が進まない誘いは、断ってもよいのです。

寒露・十三夜 8日 秋が深まり、朝晩に寒さを感じ始めるころ

秋分から数えて十五日目。草に下りた露が冷たく感じられ、霜に変わるころ、それが「寒露《かんろ》」です。空気が澄み、夜空に浮かぶ月の光がとても明るく見えます。

旧暦九月十三日は十三夜《じゅうさんや》です。十五夜の月と十三夜の月を合わせて「二夜《ふたよ》の月」と呼ばれ、共に月見をし、どちらか一方しか見ないことを「片月見《かたつきみ》」といって忌みました。十五夜が「芋名月」と呼ばれるのに対し、十三夜は「栗名月」「豆名月」と呼ばれます。この時期に収穫を迎える栗や豆をいただいてみてはどうでしょうか。

9日

釣瓶《つるべ》落としの夕日を眺めましょう

この時期の夕日は一年の中でも特別な気がします。日が傾いてきたかなと思ったら、あっという間に空はあかね色に染まり、気がつけばもう日は沈んでいる。昔の人はこれを「秋の日の釣瓶落とし」と呼びました。釣瓶とは、井戸から水をくみ上げるためのおけのこと。水をくみ上げたあとのおけは、さーっと井戸の底まで落ちて行きます。その速さをこの時期の夕日に例えたのです。

夕日を眺めてみましょう。目をそらせば一瞬で沈んでしまうこの季節の夕日は乙なものです。

スポーツの日

10日

運動する習慣を見直しましょう

定期的に運動する習慣は、ぜひともつけたほうがよいでしょう。毎日一時間のジョギングをするなど、健康にとてもよいことです。ところが、あまりにも運動する習慣にこだわりすぎる人がいます。絶対に毎日一時間は走らねばならない。雨でも猛暑日でも、多少熱があっても、とにかく走ると決めて実行しているのです。いったいなんのための運動でしょうか。「過ぎたるは猶《なお》及ばざるが如《ごと》し」を心がけましょう。なんでも完璧を求めすぎると、目的を履き違えてしまうことがありますから、気をつけましょう。

11日

あえて損に思えることを引き受けましょう

「損して得取れ」という言葉があります。そのときには損をしたような気持ちになるかもしれませんが、それはいずれ回り回って得となって返ってくるという意味です。

この「損」とは、具体的な数値で計れるものではありません。たとえば同僚の仕事を手伝って残業するはめになったとします。一見損したように思えるかもしれませんが、同僚の「助けてもらった」と思う感謝の気持ちは、あなたの「徳」となるのです。

すべては人のためでなく、自分のための行いなのです。

12日

本を読みましょう

暑くもなく寒くもない心地よいこの時期は、じっくり読書をするにはぴったりです。

読書にはさまざまな効用があるといわれています。集中力が高まる、共感能力が深まる、脳が活性化する。中でも注目したいのがストレス解消効果です。ある研究では、たった六分間の読書でストレスを約六〇％軽減させることがわかっています。

また、人間の考察を支える言葉を豊かにしてくれるのも読書です。読書をするとおのずと思考は深くなります。今晩寝る前のひとときに、本を開いてみませんか。

13日

自分の大切な物を はっきりさせましょう

世の中には多くの情報が流れています。「これからの時代に大切なのはこれだ！」「これを買わなければ乗り遅れる！」そんな情報に振り回され、世間の言う「大切な物」にばかり目がいってしまう。しかし、それは自分にとって大切な物でしょうか、必要とする物でしょうか。

世間の判断ではなく、自分自身ではっきり見極めましょう。いくら世の中が騒ごうが、他人が何を言おうが、自分がどうでもよいことだと思うのであれば、その判断に従えばよいのです。その基準を持つことを意識しましょう。

14日

紅葉《もみじ》狩《が》りに出かけましょう

「紅葉狩り」と聞いて、「何を狩るの」と思う人がいるそうですが、いちご狩りやぶどう狩りと違い、何かを収穫するわけではありません。色づいた紅葉を観賞するのです。日本人は、春に花見を楽しむように、秋は紅葉を楽しむ風習があります。日本ほど春夏秋冬を楽しむ習慣がある国はないのですから、季節の移り変わりを楽しみましょう。

有名な行楽地に出かけなくても、公園の植栽や、街路樹の色づき、落ち葉のじゅうたんを愛でるのも立派な紅葉狩りです。

神嘗祭

15日

新米を味わいましょう

毎年十月十五日から十七日の三日間、伊勢神宮で「神嘗祭《かんなめさい》」が執り行われます。五穀豊穣に感謝し、その年に収穫したお米の初穂を天照《あまてらす》大《おお》御《み》神《かみ》に奉納します。神嘗は「神様を食事でもてなす」という意味です。

日本のお米は世界一おいしいといわれています。修行中の僧侶は基本的に肉や魚を食べることはなく、野菜が中心です。決して豊かではない総菜でも満足できるのは、やはりお米がおいしいからだと思います。年中食べているお米ですが、新米はこの時期だけのもの。ぜひ味わってみましょう。

16日

ぶつかり合いは押しつけ合いと知りましょう

縁があって結婚した夫婦でも、長い結婚生活の間には、ぶつかり合うことはあるもの。多少のけんかならまだしも、それが離婚につながってしまうこともあります。

ぶつかり合いのほとんどは、お互いに意見を押しつけ合うことで生まれます。意見が衝突したとき、えてして自分のほうが正しいと思い込んで相手に押しつけてしまいがちですが、押しつけはいけません。それは家族に限ったことではありません。自分の意見をわかってほしければ、相手の話をよく聞き、理解することから始めましょう。

17日

自分の選択に責任を持ちましょう

ひと昔前の日本は、自らが職業を選択できる環境はありませんでした。農家に生まれた子どもは農業に従事する。漁師の子どもは漁師になる。窮屈そうですが、その分覚悟を持って取り組むことができました。

　今は職業選択は自由です。それがまた新たな悩みにもつながっているのかもしれません。

　しかし、自由には責任が伴います。自分で選んだことに対して一つずつ自分で責任を持つこと。それが自由に生きることの覚悟ではないでしょうか。

18日

虫の声に耳を澄ませましょう

日本には古くから虫の声を愛でる文化がありました。秋の季語でもある「虫」は、コオロギ、キリギリス、スズムシなど秋の虫全般を指します。江戸時代には虫の声を聴きに郊外へ出かける「虫聴き」が流行しました。また、「虫時雨《むししぐれ》」や「虫集《むしすだ》く」、「虫の闇」など、秋の風情を表すさまざまな言葉からは、日本人が虫の声に独特の味わいを感じていたことがわかります。

　ちょっとした草むらや家の周りで聴かれる虫の声。今晩はテレビを消して耳を傾けてみてはどうでしょう。心が落ち着きます。

19日

マルチタスクの習慣はやめましょう

ラジオを聴きながら仕事をしたり、音楽を聴きながら勉強したりする人がいます。かつて同時に複数のことを行う人を「ながら族」と呼びました。一見、楽しそうにも思えますが、こういう習慣を身につけると、集中力がなくなっていきます。

「一行三昧《いちぎょうざんまい》」という禅語があります。一度に一つのことに精神を集中するという意味です。一つひとつに真剣に向き合うからこそ、そこに喜びや達成感が生まれるのです。

何かをしながら何かをするマルチタスクの習慣があれば見直してみましょう。

秋土用入り

20日

青い物、「た」のつく物を食べましょう

一年に四回ある土用の日。立冬の前の十八日間が秋土用《あきどよう》となります。暑い夏を乗り越えた体は疲れがたまっているものです。本格的な冬の到来前に、疲れを癒やすためにあるのが秋土用です。

夏の土用にはウナギを食べますが、秋の土用には青い物や、玉ねぎやたけのこなど「た」のつく食べ物がよいとされています。

魚なら青魚のサンマやサバが旬で、脂が乗っておいしい時期です。さらに「た」のつく大根おろしを添えれば秋のごちそうです。

21日

限界だと感じたら逃げてしまいましょう

必死に努力をしたけれど自分の力が及ばない。頑張ったけれど、これ以上は無理だ。そう思うことがあるでしょう。

もう限界だと心が感じたときには、それに従いましょう。逃げてしまうのです。人間には無理が利く性質があります。「ムリ！」と思ってからも、相当頑張れます。それが成長につながることもありますが、心が壊れてしまうこともあります。

もう限界だと思ったら、逃げてしまうのも方法です。あなたを生かせる道はほかにもたくさんあります。

22日

人生に「踊り場」をつくりましょう

学校の階段を思い出してください。一階から二階に上がる階段の途中には、必ず踊り場がありました。ほんの少しそこで休憩したり、友達とおしゃべりした記憶があると思います。こんなふうに、人生にも息抜きをする踊り場をつくりましょう。

人は、常に走り続けることはできません。適度に休憩を入れないと、やがて息切れしてしまいます。ここまで行ったら小休憩しよう。あそこまで行ったら自分にご褒美をあげよう。そんな目安となる踊り場を設けてみましょう。

23日

秋が終わり、初霜の降りる始めころ

朝晩冷え込んで霜が降り、冬の足音が聞こえてくるころ、「霜降《そうこう》」です。

この時期は雨の季節でもあります。急に強く降ってすぐに上がる通り雨を「時雨《しぐれ》」といいますが、晩秋の初めての時雨を「初《はつ》時雨」といいます。これはこの時期特有の雨です。ある場所にだけ降る「片《かた》時雨」、横殴りに降る「横時雨」、朝の「朝時雨」、夕方の「夕時雨」。月や風と同様、日本にはたくさんの雨の呼び名があります。雨の日には雨の名前を、空を見たら雲の名前を調べてみると、日本人の感性に驚き、豊かな気持ちになるでしょう。

24日

最初に浮かんだ言葉は飲み込みましょう

ついカッとして、相手に感情的な言葉を投げつけてしまうことがあります。心の中に黒い感情が浮かぶこともあるでしょう。しかし、最初に浮かんだ言葉を、そのまま相手にぶつけるのはやめましょう。それは本心ではなく、感情の表出に過ぎません。

「あなたが悪い！」。そう思ったとき、ここでひと呼吸。すると自然に二番目の言葉が浮かんできます。「でも自分にも悪いところがあったかも」。この冷静になったときの言葉こそ相手に伝える言葉です。それが思いやりというものです。

25日

住む世界で常識が違うことを知りましょう

世間には常識というものがあります。つまり、みんなの共通認識です。

では、「みんな」とはいったい誰のことでしょうか。それは自分が身を置いている世界によって違ってきます。高校生には高校生の世界、銀行員には銀行業界の世界、ママ友にはママ友同士で共有する世界があります。そしてそんな世界ごとに常識があります。自分の常識が人と同じだとは限らないということです。ときに自分の常識が、人の非常識になる可能性があることを知っておきましょう。

26日

自然の中に冬の気配を感じましょう

山は私たちに四季の装いを見せてくれます。十一世紀に活躍した中国の画家・郭熙《かくき》は、冬山の枯れて鎮まる様子を「山眠る」、春山の明るくさわやかな様子を「山笑う」、夏の山の濃い緑があふれている様子は「山滴《したた》る」、秋の山が紅葉して色づく様子は「山粧《よそお》う」と表現しました。これらはそれぞれ俳句の季語になっています。

山へ行かずとも季節は感じられます。公園の植栽や街路樹など、身の回りの自然に冬の気配を見つけましょう。心の休息になります。

27日

想定外のことは楽しんでしまいましょう

私たちは常にスケジュールを立てて暮らしていますが、人生も同じです。人生設計をきっちり立てている人もいるでしょう。それが順調に進むときもありますが、予定通り進まないときもあります。むしろ、進まないときのほうが多いかもしれません。日常生活には想定外のことがあふれていますから。

しかし、それをいちいち嘆いても始まりません。困った、憂うつだと思わないで、想定外のことは楽しんでみてはどうでしょう。そのようなことで新たな可能性の扉は開くものです。

28日

お金に代えられない物を見つけましょう

たとえば職場の後輩と食事に行き、おごってあげたとしましょう。そのとき「今日の食事代は高かったから、少しだけでも徴収しておけばよかった」と思う人もいますし、「食事代はかかったけど、あんなに喜んでくれたのだからごちそうしてよかった」と思う人もいます。同じお金を払うのであれば、後者のほうが自分も心地よいと思いませんか。後輩からの「ごちそうさまでした」の言葉と笑顔は、お金には代えられません。そういうものをたくさん見つけましょう。人生が豊かになります。

29日

相手をコントロールするのはやめましょう

人間関係において、いちばん厄介なのが相手を思い通りにコントロールしようとすることです。「あなたのため」という言葉で説得したり、その通りにいかないとお説教を始めたり、あげくに「どうしていうことを聞かないの」と怒り出したり。人間関係のストレスの多くは、相手が自分の思い通りにならないことから生じます。

　相手と自分は違うということを、きちんとわきまえることが、相手を尊重するということ。相手を変えようとするより、自分が変わるほうが早いのです。

30日

「代わり映えしない日」に感謝しましょう

「今日も取り立てて変わったこともなく一日が過ぎた」「相変わらず代わり映えのしない毎日だ」と、日常生活を嘆く人がいます。そういう人に尋ねます。「変わった一日とは、どんな日のことですか」「代わり映えすることとはなんでしょうか」。彼らはこれに答えることはできないでしょう。

　一日が何ごともなく無事に過ぎていく。そのありがたさに気づきましょう。「代わり映えしない一日」とは、何ごとも起こらなかった平穏な一日のことです。これほどありがたいことはありません。

31日

不機嫌を周囲に振りまくのはやめましょう

何かアクシデントがあって落ち込んだとき、思い切り憂うつそうに沈んでいたり、不機嫌になって物に当たったりする人がいます。

ですけれど、落ち込むような出来事があったときこそ、しっかり前を向くことが大事です。陰気な気持ちになるのもわかりますが、それでは自分をどんどん追い込んでしまいます。周りの人にも気を遣わせてしまい、不機嫌の悪循環になっていきます。誰にとってもよいことはありません。落ち込んでいるときこそ、口角を上げて堂々と歩きましょう。

11月

悟無好悪
（さとればこうおなし）

私たちはつい、相手の肩書きを見てその人を判断したり、うわさ話をうのみにしてその人を評価したりしてしまいます。そのような思い込みの色眼鏡をかけていては、真の相手が見えてくるはずがありません。当然、大切なご縁を結ぶこともできません。これはとてももったいないことです。

嫌いな人というのも、また思い込みであることが多いものです。なぜ嫌いなのかを考えてみると、自分が抱えている問題に気づくことにもなります。思い込みを外していくと、自分も他人も同じようなものだとわかり、好き嫌いはなくなっていくものです。

1日

自然の「声」に耳を傾けましょう

海辺に立つと、波が打ち寄せる音が聞こえます。さらに耳を澄ますと、遠くでウミネコが鳴く声や、海から吹く風の音が聞こえてくるかもしれません。

山の中にいても同じです。シーンと静まり返っているようですが、鳥や虫の鳴き声、葉擦れの音などが聞こえてくるでしょう。

自然の中にいると、いろいろな音が聞こえてきます。そんな自然の音に耳を傾けてみてください。それらは、自然の「声」です。自然の声を聞いていると、不思議と心が鎮まってきます。

2日

節約する意味を考えましょう

「節約生活を続けていますが、なんだか惨めな気持ちになってきます」と話してくれた人がいました。節約は大切なことですが、「お金を使わない」ことに気を取られすぎると、生活に潤いがなくなって心もすさんでしまい、節約も長続きしません。なんのために節約をしているのかが大事です。欲しい物のため、誰かを喜ばせるため、自分へのご褒美のためなど、目的を忘れてはいけません。

節約は目的ではなく、手段であることを忘れないようにしましょう。

文化の日

3日

自分のよい部分を数えましょう

自分の欠点ばかり見ていませんか？　あれができない、こんな私はダメなんだと。悩みが多い人というのは自分の欠点、ダメだと思っているところばかり見ているように思います。もっと自分のよい部分を見てあげましょう。そして、人から認めてもらうことを望むより先に、まず自分で自分のことを認めることが大事です。

人生の主人公は自分です。主体的に生きるためにも、まず自分のよい点をたくさん見つけましょう。

4日

足りないものを求め続けるのはやめましょう

人は誰かと自分を比べて、自分に足りない部分を見つけてしまうものです。あの人はこんなにすばらしいのに、私はまだまだ。あの人はできるのに私には無理……というように。足りない部分を埋める努力が充実感になるのなら、それは成長につながるでしょう。しかし、できない自分を責めてしまうようなら、いずれ心が疲れてしまいます。

努力しても手に入れられないものを追求するのはやめましょう。いつまで経っても自分に満足できない不全感を抱えることになります。

5日

風邪を引かない生活習慣を身につけましょう

私たち僧侶は、感染症などは別としてほとんど風邪を引きません。腹八分ではなく腹七分の食生活や規則正しい生活がその要因だと思います。

規則正しい生活は体調の変化に気づきやすいため、体調管理にもひと役買いますが、それだけではなく、心も健やかにしてくれます。というのは、余計なことを考えなくてすむので、雑念も払われるのです。堅苦しく考えなくてもよいので、規則正しい生活を続けてみることをお勧めします。生活が整うことで、まず心が整えられていくのです。

6日

美しい立ち居振る舞いを意識しましょう

美しい立ち居振る舞いを意識することは、心の美しさにつながります。仏教では立ち居振る舞いを整えることが、仏法を会得することの入り口であると教えています。

立ち居振る舞いとは、心の状態を現します。お化粧をしたり、きれいな洋服を買ったりして自分を飾るのも悪いことではありませんが、あくまでも表面的なものです。そういう美しさは、家に帰って洋服を着替え、化粧を落とせば消えてしまいます。

背筋を伸ばしてみましょう。それだけで振る舞いは変わっていきます。

立冬

7日

木枯らしが吹き始め、本格的な冬が始まる

いよいよ冬の到来。暦の上では「立冬《りっとう》」から冬になります。山の木々の葉が落ち、冷たい木枯らしも吹き始めるころです。

この時期に恋しくなるのが鍋料理でしょう。

十一月七日は、「いいなべ」の語呂合わせから「鍋の日」とされており、鍋シーズンの開幕です。湯豆腐、寄せ鍋、しゃぶしゃぶ、土手鍋など、バリエーション豊かな鍋料理は、時短や節電にもなるお助け料理です。野菜がたっぷり食べられるのも魅力です。

今晩の食卓から鍋シーズン開幕にしてみてはいかがでしょう。

8日

「継続する力」を信じましょう

ある人が、転職をしたいと相談に来ました。そこで、今の仕事は何年続けているのかを聞いたところ、丸五年だと答えました。

「五年間も続いているということは、あなたはその仕事に向いているということです。もしも向いていなければ、とっくにその仕事を辞めていたでしょう」と私は言いました。

継続する力も才能です。今日までの道のりをきちんと見ずして、未来ばかり追っていては、先を見る目が曇ります。自分の実力や努力をきちんと認めましょう。それから先を考えても遅くはありません。

9日

人のために働きましょう

何もすることがない、一日が暇で仕方がないと嘆く人がいます。体を動かしたり、何かを学んだりすることもできるのに、何もすることがないと、不平や不満を言っているわけです。誰かが楽しいことを運んできてくれるのを待っているのでしょうか。

　周りをよく見てください。きっとそこにはあなたを求めている人がいるはずです。誰かのために体を動かしてみましょう。誰かの役に立つことを見つけてみましょう。そうすると、全然違う現実が訪れるでしょう。何もすることのない人間など、この世にいません。

10日

背負いすぎていませんか？

世の中にはめんどくさいことがたくさんあります。家事が面倒、仕事のあれこれや、友達に頼まれたことが面倒……。面倒なことにこそ主体的に動くためのヒントがあるものです。少し視点を変えてみてください。それらのめんどくさいことは、本当にあなたがやらなければならないことでしょうか。勝手にそう思い込んでいることはないですか？　人に頼めることや、本来ほかの誰かがやるべきこともあるのではないですか？

　なんでも背負い込むのではなく、その本質を見ましょう。

11日

今、この瞬間のことだけを考えましょう

過去・現在・未来があります。禅では、「現在」を大事に、もっというと「今この瞬間」だけに心を尽くすことを教えています。過去とは過ぎ去ったものです。あのときこうしておけばよかったと悔やんだところで、過去が変わることはありません。「未来とは未《いま》だ来ていないもの」です。もしもこうなったらどうしようなどと、なってもいないことを先取りして心配しても仕方ありません。現実になってから考えればよいことです。

私たちができることは、今この瞬間を生きることだけです。

12日

人づき合いの距離感は徐々に縮めましょう

心理学に「ヤマアラシのジレンマ」という言葉があります。ヤマアラシは体中に針を持っているため、相手ともっと近づきたくてもお互いの針で傷つけ合ってしまうためできません。そんなジレンマを抱えることをいいます。人間も同じです。この人ともっと近づきたいと思っても、こちらの針が相手を刺したり、相手の針がこちらの心に刺さったりすることもあるでしょう。長い針を持つ人も、短い針の人もいます。人と人との距離はそれぞれ。それを見極めるためには、相手を尊重し、少しずつ距離を縮めていくことしかありません。

13日

仕事は早めに取りかかりましょう

仕事の早い人と遅い人がいます。能力や経験の差もあるでしょうが、それだけではありません。両者の差は、先延ばしをしているかどうかに現れます。

仕事が早い人は、早く仕事に手をつけます。仕事が遅い人は、考えてばかりでなかなか手をつけようとしません。

何ごともゼロから一にするのが一番大変です。だからこそ、すぐに行動を起こして、まず一にすることが肝心なのです。そのあと二や三に進むのは簡単なのですから。

14日

同じ話を繰り返されても耳を傾けましょう

何度も同じ話ばかりを聞かされた経験はあると思います。「もうその話は聞き飽きたのに……」と思うこともあるでしょう。親と話していても耳にタコができるほど何度も同じ話を聞かされることがあります。うんざりする気持ちもわかりますが、それでも何度でも耳を傾けてあげましょう。多くの場合、何度も同じ話をしていることは、相手もわかっているものです。それでも、あなたに聞いてほしい、わかってほしいことがあるから繰り返し話すのです。その心を想像することです。

七五三

15日

子どもの健やかな成長に感謝する日

数え年で男児が三歳と五歳、女児は三歳と七歳になった節目に神社にお参りをするのが「七五三《しちごさん》」です。今のように医療が整っていなかった昔は子どもの死亡率が高かったため、健やかに成長したことに感謝してお参りをしました。七五三に欠かせない千歳飴《ちとせあめ》は「千年」の意味があり、子どもの長寿を願う思いが込められています。

大人になった私たちは、そんな親の思いに感謝する日としてもよいでしょうし、また自分の子を通して親の気持ちをくみ取ってみるのもよいでしょう。

16日

つまらなければ自分で面白くしましょう

「今日はつまらないな」「なんかパッとしない」「面白いことないかな」と思う日もあるでしょう。

そういう日こそ、日ごろの観察眼が試されます。つまり「自分を楽しませる知恵」があるかどうか。

日常の中に面白いことを発見する目、視点がある人は幸せです。その視点さえあれば、どんな日常も楽しく愉快になるのですから。

日ごろから、日常のあちこちにある面白いタネを観察、発見する力を養いましょう。それだけで、つまらない日はもう訪れないのです。

17日

物欲を消したければ見ないようにしましょう

物欲というのは、足りないものがあるから生まれるわけではありません。どんなにたくさん物があっても物欲は消えません。

たとえばフィギュアを集めるのが趣味の人は、置ききれないほど何体も持っていてもさらに欲しがるもの。バッグや靴、洋服などもそうでしょう。

それでも、物欲を抑えるための方法があります。それは「見ないこと」です。お店に行かない、ネットを見ないことから始めてみましょう。心の問題は行動することで解消されることがたくさんありますから、まず実践してみましょう。

18日

感動体験をしましょう

年齢を重ねると、どうしても感動することが少なくなってきます。さまざまな経験を重ねることで初めての体験が少なくなり、新鮮な驚きがなくなってくるからです。

どこかに誘われたとき、「そこは行ったことがある」「その場所に興味がない」などと断ることがあります。でも、時期が変わり一緒に行く人が変われば、違う体験となり感動が味わえるかもしれません。また自分の興味を広げることで、思ってもみない新たな体験をすることもできます。感動は心に元気を与える早道です。どんどん新たな経験をしましょう。

19日

「本当にそう思っている？」と問いかけてみましょう

人は自分が思うほど、自分のことを知らないものです。「そう思っている」と感じていることが、実は周りの目を気にして判断していることも多いもの。

人と共感できることはすばらしいことですが、それが本心でないと、他人の意見に巻き込まれて、どんどん自分を見失ってしまいます。ですから、「本当にそう思っている？」と自分に問いかけてみましょう。「違うな」と感じたら、「自分はそう思わない」と自覚するだけで本心に気づき、自分を取り戻せるものです。

20日

縁に執着するのはやめましょう

私たちはたくさんの縁を結びながら生きています。学生時代、仕事の同僚やチーム、趣味の仲間など、縁に恵まれるのはとてもありがたいことです。しかし、それに執着するのはやめましょう。昔からの友人だから長くつき合わなければとか、職場の仲間だから我慢して機嫌を取らなければとか、趣味の仲間だからよい人でいなければというように。ご縁に縛られると、たちまち生きづらくなってしまいます。「縁は水物」という言葉もありますから、流れに任せればよいのです。ありのままの自分でいることが大事です。

21日

どんなときも楽しむ心を育てましょう

たとえば休日にキャンプに行ったとします。ところが雨が降ってきて、これではテントが張れません。そんなとき「もう最悪だ！」とか「全部台無しだ！」など不平や不満を言うことはありませんか？

雨が降っても楽しいキャンプはできるはずです。それでも文句を言うというのは、期待していた結果が得られないと思っているからです。

思い通りに進むことが成功でも幸せでもありません。

「晴れている日にはできない経験ができる」と思える心を育てましょう。

小雪

22日

冷え込みが厳しくなり、雨が雪となるころ

日に日に寒さが進み、雪がチラつく季節、「小雪《しょうせつ》」です。まだ寒さも本格的ではありませんが、北国からは初雪の便りが届き始めます。新暦では十一月末から十二月初めにあたります。

旧暦の十月を「小春《こはる》」と呼びます。冬でも暖かな日差しに包まれる陽気を「小春日和」といいますが、これが何日か続くと、春に咲く花が勘違いをして咲き始めてしまうことがあります。この現象を「忘れ花」「返り花」「二度咲き」などと呼びます。草木を眺めてみると意外と見かけますから、探してみてはどうでしょう。

勤労感謝の日・新嘗祭

23日

その年の収穫に感謝し、翌年の豊作を祈る

秋の収穫に感謝を捧げ、翌年の豊作を祈る「新嘗祭《にいなめさい》」。その年に収穫されたお米や、新米でつくったお酒などを神様に捧げます。そして元気で働くことができることに感謝しました。元気で仕事ができればこそ収穫に結びつくからです。

新嘗祭は飛鳥時代から伝わる歴史ある行事です。現在でもこの祭事は宮中や伊勢神宮で執り行われています。

今では「勤労感謝《きんろうかんしゃ》の日」として勤労をねぎらう日ですが、健康への感謝、仕事への感謝をしてみてはいかがでしょう。

24日

自分の年齢を否定せず、向き合いましょう

「閑《かん》古錐《こすい》」という禅語があります。「閑」というのは静かで穏やかな心の状態。「古錐」とは古くなって先が丸くなった錐《きり》のことです。使い古されて先が丸くなった錐は道具としては役立ちませんが、なんともいえない味わいと円熟した風格があります。これに対して新しい錐は先がとがっていて役立ちますが、そのために人を傷つけてしまうこともあります。人間も同じで、年を重ねれば若いころとは違った役割があります。年齢としっかり向き合い、今の自分にしかできないことを探してみましょう。

25日

サブスクを利用して自分を知りましょう

レストランやスーパーなどで「食べ放題」「詰め放題」などが行われています。「サブスクリプション（サブスク）」というサービスも定着し、本や雑誌、映画、音楽などが見放題、聴き放題です。このような「〇〇放題」は手ごろな価格ということもあり、新しいチャレンジや発見もしやすいかもしれません。ですから、「お得」で終わらせず、食べ放題、見放題、聴き放題をしたら「これが好き」「これは趣味じゃない」など自分の好き嫌いを自覚することが大切です。そうすることで、自分を知る手がかりになるのです。

26日

仕事・余暇・休みのバランスをとりましょう

私たちは、さまざまな予定を立てますが、予定には二種類あります。一つは仕事や学業などの予定。もう一つは、趣味など遊びの予定です。

ストレスというのは、この仕事と遊びの予定の割合が、どちらかに偏っていると生じます。遊びの予定がいっぱいであればストレスがなくなりそうなものですが、そうではありません。

予定表を見てみましょう。仕事でいっぱいですか？　それとも遊びで埋まっていますか？　「働く」「遊ぶ」「休む」のバランスを考えましょう。

27日

二者択一の考え方はやめましょう

「やっぱり結婚はしたほうがいいでしょうか」と質問をされたことがあります。当たり前のことですが、それは私に聞くことではありません。本人以外が答えを出せる問題ではないからです。もし、「したほうがいいですよ」と言われたとしても、それはその人の答えであり、自分自身の答えではありません。

　答えが出ないという人は、二者択一で回答を求めるからではないでしょうか。

「結婚したら幸せか」「結婚しないと不幸せか」ではなく、「自分はどうしたいのか」を自問してみましょう。

28日

「思い通り」の意味を知りましょう

物事が自分の思い通りに進んだら、たくさんの悩みから解放されるのに……。そう考えていませんか。だからつい、人を自分の思い通りに動かそうとしてしまう。「これをしたほうがいい」「あれはやめたほうがいい」というように。しかし、たとえその通りに相手が動いたとしても、おそらく同じことを何度も繰り返し、悩みが解消されることはないでしょう。なぜなら、相手にしてみたら、あなたの顔色を見て動いたに過ぎないからです。

「思い通り」とは、自分の「思い」が相手に「通じる」ことです。

29日

自分を犠牲にして頑張るのはやめましょう

一生懸命仕事に取り組むのはすばらしいことです。しかし、その限度が過ぎると、心や体を壊すことになりかねません。それは仕事に限らず、家事や育児についても同じです。たとえそれが、家族のためだとしても、自分を顧みないで働くと、心身に影響が出てくるものです。その前兆を見落としていませんか？　家事や育児は愛情からの行動ですから、なかなか自制がきかない部分もあるでしょう。それでも自分を犠牲にしてまでやるべきことはありません。自分を大切にすることを考えましょう。

30日

迷ったときは、まず一歩踏み出しましょう

誰の人生にも、選択に迷うときがあります。どちらの道を選ぶべきか。どちらが自分に合っているのか。どっちを選べばスムーズに進むかなど、結論が出ないまま先延ばしにしているという人もいるのではないでしょうか。

そういうときは、どちらを選んでもよいので、まずは一歩を踏み出しましょう。どちらを選んだとしても、きっと正解なのです。人生は一本道ではありません。二つにも三つにも分かれることがあります。しかし、歩けないような道が目の前に現れることは決してありません。

12月

松樹千年翠
（しょうじゅせんねんのみどり）

松の木は千年もの長きにわたって、美しい緑を保ち続けている。直訳するとそういう意味になる禅語です。この言葉の裏側には大切な教えが隠されています。たしかに美しい松の木は、昔からずっとそこにありました。しかし私たちは、当たり前のようにあるその松に目を向けることをせず、つい別の場所に美しさを追い求める。

この禅語は、大切なものはどこか遠くにあるのではなく、実は自分の身の回りにこそあるということを教えてくれています。

1日

贈り物は分相応の物を選びましょう

今年お世話になった人の顔を思い浮かべ、感謝の気持ちを込めて品を贈るお歳暮の習慣があります。

このとき気にかけておきたいことは、相手の負担になるような品を選ばないということです。いくら感謝の気持ちを表したいからといって、分不相応に高価な贈り物をしてはいけません。それは相手にも負担になります。贈る側と受け取る側、両方の気持ちが軽やかになるような贈り物を選ぶのは、贈る側の腕の見せどころです。品物ではなく感謝の気持ちを伝えることが大事だということを忘れずに。

2日

時間を忘れて没頭することを見つけましょう

「趣味もないつまらない人間で」と自分のことを言う人がいます。しかし趣味がない人などまずいません。趣味のとらえ方はそれぞれですが、それをやっている時間が何よりも楽しく、夢中になれることです。そう考えると、趣味は遊びばかりではありません。「趣味は仕事」と言いきる人もいるでしょう。家事や子育ての人もいれば、ぼーっとすることだと言う人もいるでしょう。自分でそれを趣味だと自覚していなくても、人は何かに没頭し、充実感を得ているもの。それを見つけて大切にしましょう。

3日

食卓に「旬」を意識した食材を並べましょう

最近はスーパーに行けばひと通りの食材がそろいますから、食材の旬はなかなかわかりにくいものです。それでも食卓に一品、旬の食材を取り入れることをお勧めします。

日本人は旬を「はしり」「旬」「名残」の三つに分けました。はしりは初物や出始めの食材、名残はそろそろ旬が終わりの食材です。食事づくりの際、旬を意識すると自然と献立がバラエティーに富むものです。

旬の食材にはその時期に必要な栄養が含まれているうえに、財布にも優しいのですから一石三鳥です。

4日

自分の適正体重を知っていますか？

書店にはダイエット関連の本がたくさん並んでいます。女性ばかりでなく中年太りを気にする男性もまたダイエットに関心があるようです。たしかに必要以上に太ることは健康によくありません。自分の適正体重を維持する必要があります。では、そのためにはどうすればよいのでしょう。

それには規則正しい生活を心がけることに尽きます。毎日同じ時間に食事をし、間食や夜食をしないで適度に体を動かす。これを三か月続けた結果が自分の適正体重です。まずは自分の適正体重を知りましょう。

5日

絶対に必要なものを考えましょう

自分にとって絶対に必要なもの、なくてはならないものはなんでしょうか。水や電気などのライフラインは別として、万人にとって必要なものというのは実はなく、千差万別です。ある人はお金、ある人は家族、ある人は健康、ある人は親、ある人は芸術と、いろいろでしょう。なぜなら、それぞれの人生、生き方が違うからです。

いずれにせよ、「それがなければ、自分ではいられない」というものがある人は強い人です。それを守ろうとして、内なる力が湧いてくるからです。

6日

「いい人」を目指すのはやめましょう

「いい人ね」と言われると、悪い気にはなりません。できるならみんなから「いい人」だと思われたい。そう思うかもしれません。しかし、「いい人」と思われたいがために、無理をしてまで「いい人」を演じる必要はありません。人が「いい人」と言うとき、そこに「(都合が)いい人」という意味が含まれていることがあります。誘えばいつでも来るし、頼めばなんでもやってくれる。怒りもしなければ意見もしない、というように都合よく使われてしまっていることもあります。「いい人」を目指す生き方はやめましょう。

大雪

7日

冬将軍が到来し、動物たちが冬眠するころ

山が大雪で覆われ、本格的な真冬が訪れるころ、それが「大雪《たいせつ》」です。小雪から十五日目にあたります。日本には雨や風、空などの自然を表現する名称が数々ありますが、雪も同じです。今にも雪が降り出しそうな灰色の雲に覆われた空を「雪曇り」、シーズン初の雪を「初雪」、それが例年より早ければ「早雪《そうせつ》」、正月三が日に降る雪は「三白《さんぱく》」、その冬最後の雪を「終雪《しゅうせつ》」……。

雪深い地方では、雪の重みで木々の枝が折れないように雪吊《ゆきつ》りが施されます。金沢兼六園の雪吊りは有名です。雪の景色を楽しみましょう。

成道会

8日

お釈迦様が悟りを開いた日の過ごし方

お釈迦様が悟りを開かれた日を成道会《じょうどうえ》といいます。禅の修行道場では、この日を重要な日とし、十二月一日からの八日間、坐禅だけの日々を過ごします。これを「臘八摂心《ろうはつせっしん》」といいます。「臘月《ろうげつ》」とは十二月を意味し、「八」は八日、「摂心」は「心をおさめる」、つまり坐禅を意味します。とくに一日中坐禅することを指します。このように、禅僧はお釈迦様の悟りをしのぶ修行をしますが、禅僧でなくても何か一つ、自分の行いを振り返ってみる日としてもよいでしょう。自分自身について考える日を意識的に持つのはよいことです。

9日

優しい表情を心がけましょう

人の印象は表情で決まります。いくら整った顔をしていても眉間にシワを寄せていれば怒った印象を与えて人は離れます。反対に人並みの容姿でも、明るい表情の人の周りには人が集まります。

　表情の中で一番人に不安を与えるのは無表情です。感情を読み取れないからです。しかし、人は無意識のとき、案外無表情になっているものです。笑顔とまではいかなくても、せめて口角を上げてみましょう。意識するだけで印象は見違えます。穏やかな表情は人を呼び、幸せも呼び込むのです。

10日

ぼーっとしてみましょう

日々の仕事や生活に追われていると、次から次へと考えるべきことが増えてきます。一つが終わればまた新たな課題が出てくる。そうしてずっと何かを考え、何かに悩み、四六時中、頭を使い続けている。そういう人は少なくないでしょう。

　一日の中に、ちょっとしたブレイクタイムをつくりましょう。わずかな時間でよいので、ぼーっとしてみるのです。一見無駄な時間に思えますが、新たなアイデアや考えが浮かぶのは、頭が整理されて余裕ができたときです。効率という意味でも、ぼーっとする時間は大切です。

11日

変わらないものはないのだから今を生きましょう

この世は常に移り変わっていて、変わらないものなど何一つありません。これを「無常」といい、仏教にとっては基本的で重要な考え方です。

人生にはつらいことや苦しいことがたくさんあります。予期せぬ悲しみに襲われたり、昨日までの生活が一変するような苦難に見舞われたりすることもあるでしょう。しかし、その悲しみや苦しみは延々と続くものではなく、必ず消えるときがきます。森羅万象変わらないものはありません。だからこそ、今をしっかり生きましょう。

12日

「ワンランク上」という発想を捨てましょう

女性誌などを見ると「ワンランク上」というキーワードがよく登場します。その言葉からは、人よりちょっと上の生活をしたい、少しだけ高価な物を持ちたい、そんな見栄が垣間見えます。しかし、この「ランク」とはなんでしょう。それに実態はありません。誰と何を比べて、上だと思ったら満足するのでしょう。

人と比べて見栄を満足させるためにお金を使うのではなく、上質を心がけましょう。上質とは自分の価値観の中にしかありません。自分が心地よくなる物に囲まれるほうが、はるかに豊かになります。

正月事始め

13日

お正月の準備を始めましょう

新年を迎える支度を始める日、正月事始《ことはじ》めです。お寺では僧侶総出で本堂のすす払いをして一年の汚れを落とします。江戸時代にはお城もこの日に大掃除をしました。庶民もそれに倣《なら》い、江戸中が大掃除をしたといいます。新年の干支にあたる年男が恵方（縁起のよい方角）の山に入って松飾り用の松を取りに行く「松迎え」もこの日に行われます。この松を使ってつくった門松は、年神さまをお迎えするための大切な目印になります。

さっそく掃除を始めて、お正月の準備は二十八日までに終わらせるようにしましょう。

14日

自分を信じて動きましょう

「この会社に入りたいけれど、私の成績ではダメみたいです。どうすればいいでしょうか」と大学生から相談されました。「受けてもいないのに、どうしてダメだと決めつけるの？　本当に入りたいのなら当たって砕けろだよ。落ちてもいいじゃない」と私は言いました。情報やデータを見て勝手に無理だと判断するのはとてももったいないことです。そういう周りの情報より、自分の「そうしたい」「そうなりたい」という思いを信じましょう。まず自分を信じて動く。人生はそうやってつくっていくものです。

15日

美しい言葉づかいを心がけましょう

言葉は見事にその人を表します。美しい言葉を使う人は心も美しいもの。そしてそういう人の周りには、同じような人が集まります。一方で、不平不満の言葉、威圧的な言葉、自分を否定している言葉などを使う人は、それにふさわしい表情をし、似たような人に囲まれていることに気づくでしょう。自分はどういう人と一緒にいたいか、と考えてみると、どういう言葉を使えばよいかがわかります。

優しく温かい言葉、肯定する言葉を使っていれば、心も表情も、その言葉にふさわしいものになるのです。

16日

過去の自分の「思い」に触れてみましょう

大掃除をしていると、思いがけず懐かしい写真が出てきて、見入ってしまうこともあるでしょう。今の自分と当時の自分を比べて、感傷に浸ることもあるかもしれません。

過去に執着しても仕方ありませんが、当時抱いていた夢や希望、自信や情熱などを忘れていないか、思い返してみるのはよいことです。

当時の自分がやりたかったことをやり残していないか、見て見ぬふりをしていないかと思いながら眺めてみると、思わぬ再発見があるかもしれません。

17日

「自然体で生きる」意味を知りましょう

「自然体で生きる」という言葉をよく耳にします。これを「自分の思うままに、欲望に正直に生きること」と思っている人がいますが、それは違います。自然体で生きるとは、自然と共に生きることです。朝日が昇ると同時に起き、夜が更ければ眠る。余計な物を食べたり不摂生したりせず、規則正しく暮らす。そして心が喜ぶことをして、すがすがしい気持ちで過ごす。つまり、心身共に無理をせず、自分にも他人にも穏やかでいるということ。それが自然体で生きることです。

18日

自分にとって価値がある物を買いましょう

買い物をするとき、値段を判断基準にするのはやめましょう。たとえばコップが安売りしていたとします。それを「いつか来客があったときのために」などとまとめ買いする。これは無駄なお金の使い方です。とくに予定もない来客のために、おざなりな買い物をするのではなく、今自分にとって価値ある物にお金を使いましょう。コーヒー好きならば、いつもよりよい豆を買ってみる。行ってみたかったカフェに行く。こんなふうに自分にとって価値がある物にお金を使うと心が満たされます。

19日

感情は、そっと心に抱えましょう

自分の思ったことを素直に相手に伝えられない。そう自分を責める人がいます。素直なのはよいこと、素直な表現は称賛されると考えがちですが、自分の心が感じたり思ったりしたことをそのままストレートに表現することは、決してよいことばかりではありません。ときとして人間関係に大きな摩擦を生んでしまいます。思ったことを素直に表現しても許されるのは子どもだけです。しかし、だからといって自分の気持ちを譲る必要はありません。正直な本音は、心にそっと抱えておきましょう。

20日

事前準備で空虚感を防ぎましょう

長く続けていたことをやめたり、日常だったことがなくなったり、ずっとそばにいた人がいなくなったり、気を張る必要がなくなったときなど、心にぽっかりと穴があいてしまう。人生にはこのような出来事がしばしばあります。そんな心の穴を最小限に食い止めるためには、いずれはそういう変化がやってくることをあらかじめ意識しておくことです。

常に物事は変化しているのです。未来の不安にむやみにおびえるのではなく、自分の心を守るためにも、準備を整えておくことは大切です。

21日

すべての体験に意味があります

スピード社会と言われている今、無駄な時間をなくして効率的に過ごしたいと考えている人は多いと思います。しかし、人生において、無駄なことや無駄な時間は存在しないと私は考えます。一見無駄に見えることでも、すべての体験は必ず何かの気づきをもたらします。そのとき無駄だと思ったことでも、あとになって何かを得ることもあるのです。すべての出来事は、自分にとって必要なことだと考えてみるとよいでしょう。

無駄だといえることがあるのなら、それは体験から何も学ばないことです。

冬至

22日

柚子湯とかぼちゃで風邪知らず

一年でもっとも昼の時間が短く、夜の時間が長い日が「冬至《とうじ》」です。この日を境に日が長くなります。冬至の日には血行促進作用のある柚子を浮かべた柚子湯に入る風習があります。

また、この日に「ん」がつく物を食べると運気が上がるとされ、なんきん（かぼちゃ）、にんじん、れんこんなどが食されました。かぼちゃは本来夏が旬の食材ですが、寒い冬の栄養には欠かせない野菜です。柚子湯で体を温め、かぼちゃで栄養を摂ると、運気も上がります。今日はそのように過ごしてみてはどうでしょう。

23日

性格の違いを楽しみましょう

夫婦が離婚する原因の一位は性格の不一致だそうです。好きになって一緒になったものの、暮らしてみると性格が合わなかったというわけです。

しかし、夫婦に限らず、誰かと性格が一致することなどあり得ません。人と性格が違うのは当たり前のことです。

問題は、性格が違うことではありません。その違いをどうとらえるかということ。相手を自分に合わせようとすると摩擦が生じますが、お互いの違いを楽しもうとすると、お互いのよいところがどんどん見えてくるのです。

24日

必要以上のお金を求めるのはやめましょう

アメリカで行われた心理学の調査によると、年収三百万円の人の年収が四百万円、五百万円と上がっていくと、それに伴い幸福感も上がるそうです。ところが一千万円くらいを境に、年収と幸福感がリンクしなくなる。二千万円を超えると、幸福感が減っていくそうです。このことからも「お金があれば幸せ」という考えは幻想だとわかります。お金と幸せの関係は思っている以上に遠く、むやみにお金があっても幸福感はもたらされないということです。なんのためにお金が必要なのか、自分の人生の方向と合わせて考えてみるとよいでしょう。

25日

普通の一日を大事にしましょう

日本には「ハレ」と「ケ」という概念があります。ハレは胸が躍るような出来事やワクワクする特別な日。ケは普通の日常の日です。毎日がハレの日だったら、どんなに楽しいかと考えるところですが、それは違います。ハレの日が楽しいのは、何もない淡々とした日常、ケの日があってこそです。

何気ない日常を、面白くない、価値がないと思ってしまいがちですが、人生の多くはこのケの日の連続です。それが人生です。そのような日々に宝物が隠されていることを心にとどめておきましょう。

26日

「どちらでもよい」なら、流されましょう

友達と何かを決めるときや、仕事で一つの結論を出すときなど、みんなの意見が違ってなかなか話し合いがまとまらないことがあります。そういうとき、これだけは自分の信念に従って譲れない、ということでないのなら、周りの人の意見に流されることも大事です。そこで頑張って自己主張することに、あまり意味はありません。人生には「どちらでもよいこと」が多いものです。つまらないことで我を張ってもしんどくなるだけ。大切なのは、自分にとって譲れないものとそれ以外を、しっかり持っていることです。

27日

「自分はどうありたいか」を問いましょう

私たち禅僧は雲水時代、非常に厳しい修行をします。もっとゆっくり寝たいとか、お腹いっぱい食べたいと思うこともありましたが、修行中にそんな選択肢はありません。つまり迷うことも悩むこともできないというわけです。選択肢が多いという状況は、自由に生きるためにも、本来幸せなことです。しかし、それは常にたくさんの選択肢を前に悩み続けているということにもなりかねません。

選択肢が多いことを幸せに思えるようになるためにも「自分はどうありたいのか」を問い続けることが大切です。

28日

たまには実家や故郷に帰ってみましょう

心身が疲弊し日常から逃げ出したい……そんなふうに思うときは、実家に帰ってみましょう。父や母の顔を見れば、それだけで自分を取り戻すことができるものです。社会的な地位や仕事のこと、家族の中での役割をほんのすこし忘れ、子どもの心を思い出させてくれるからです。

実家とは心の避難所です。すでにご両親が他界されていたり、実家がないという方は、故郷の土地や子どものころに過ごした場所へ行ってみましょう。自分を取り戻すには、子どものころに返ることが一番効果的です。

29日

自分の幸せのサイズを知りましょう

財布に一万円札が一枚あれば豊かに感じる人もいれば、百万円持っていなければ満足しない人もいます。五百円のワンコイン弁当が楽しみな人もいれば、コース料理でも不満な人もいます。どちらがよいということではありません。幸せのサイズは人それぞれです。

自分の幸せのサイズを知りましょう。そうすることで、分相応な幸せを追い続けて現実を嘆くようなこともなくなります。

また自分自身を知り、自分なりの幸せを知るヒントにもなります。

30日

「四摂法《ししょうぼう》」を実践しましょう

仏教の言葉に「四摂法」というものがあります。この世で生きるうえで大切な四つの心がけのことです。一つ目は「布施」。人のために心を尽くすこと。二つ目は「愛語」。人に慈しみある言葉をかけること。三つ目は「利行《りぎょう》」。人のためになる行いをすること。四つ目は「同事《どうじ》」。人と同じ気持ちになって考えること。いずれも私たちが日常生活で行うことができる心がけです。まず自分から実践してみることで、周りの人が変わり、現実も変わっていきます。自分の心がけ一つで、人生はどんどん豊かになります。

大晦日

31日

一年を振り返り来年へのヒントを見つけましょう

大《おお》晦日《みそか》の夜は、静かに一年を振り返ってみましょう。そのとき大切なのは、客観的に振り返ることです。「仕事で失敗して散々だった」と思うのではなく、何をしたらそうなったのかを考える。「友達と会えなくて寂しかった」と思うのではなく、会えなくて寂しい大切な友達がいた、というふうに。それがまさに来年へのヒントとなります。今後、同じことが起きないように心がければよいですし、大切な友達との絆を深めればよいということです。すべてはすばらしい来年を迎えるための足がかりになります。

あとがき

新型コロナウイルスが世界を席巻してから二年が経とうとしています。この疫病によって、世界中の人々から日常が奪われていきました。これまでとはまるで変わってしまった日常。それを見るにつけ、世界中の人々は、その場に立ち尽くすしかありませんでした。

人の動きが止まり、同時に経済活動も失われていきました。仕事がなくなり、それに伴って収入が減少した人は数えきれないでしょう。

自宅にこもる時間が多くなり、人と触れ合うことができなくなりました。学校に行くことができず、職場にも自由に出入りできないような状況でした。学校行事はことごとく中止になり、高校野球やオリンピックも中止や延期、コンサートなどのイベントもすべてなくなりました。友人や家族と気軽に会えない日々を、私たちは生きてきたのです。

この疫病は、私たちから健康を奪い、仕事や収入を奪い、喜びや楽しみを奪い、人間のつながりさえも奪い取っていきました。

私たち僧侶は、人々の幸せを願って修行することが与えられた使命です。それは新型コロナウイルスが流行しても変わることはありません。とはいえ、私にしても修行以外の日常はどんどん削られていきました。私が教鞭《きょうべん》をとっている大学では対面授業を行うことができず、学生たちと会えない日も続きました。一年に二十回ほどあった海外出張もすべて白紙になりました。

この二年間で、私たちが失ったのは物質的なものだけではありません。私たちの「心」をも削り去っていったのです。

失われた物は、しんどい作業ではあるでしょうが、必ずや取り戻すことができると思います。しかし、失われた心は、なかなか取り戻すことはむずかしい。それは仕事や収入を取り戻すよりも、何倍も大変なことであると思います。

そうであるからこそ、私たちはこの疫病によって心まで奪われてはいけないのです。

そんなものに負けてはいけないのです。

しかし、失ったものばかりを数えても仕方がありません。

たしかに今回の疫病によって、私たちは多くの日常を奪われましたが、変わらず残されている日常もたくさんあります。朝起きて食事をして、夕方にはお風呂に入り、夜には寝ることができます。すべての日常がなくなったわけではないことに気がつくでしょう。

目の前の日常を大切にすることです。日常生活に穏やかな時間を見つけることです。その穏やかな時間は、それを求める心がある限り、何ものにも奪われることはありません。みんなで心を支え合いながら生きていきましょう。

合掌

二〇二一年十一月吉日

建功寺方丈にて　枡野俊明

枡野俊明　ますのしゅんみょう

１９５３年神奈川県生まれ。曹洞宗徳雄山建功寺住職、庭園デザイナー、多摩美術大学環境デザイン学科教授。大学卒業後、大本山總持寺で修行。「禅の庭」の創作活動を行い、国内外から高い評価を得る。芸術選奨文部大臣新人賞を庭園デザイナーとして初受賞。ドイツ連邦共和国功労勲章功労十字小綬章を受章。２００６年『ニューズウィーク』日本版「世界が尊敬する日本人１００人」に選出される。おもな作品にカナダ大使館庭園、セルリアンタワー東急ホテル日本庭園など。おもな著書に『禅―シンプル発想術』『心がやすらぐお別れの心得』『人生でいちばん大切なこと』『流されて生きなさい』『シンプルな人は、いつも幸せ』『ひとりでも大丈夫』（以上廣済堂出版）などがある。

ブックデザイン：ツカダデザイン
編集協力：網中裕之　楠本知子
編集担当：真野はるみ（廣済堂出版）

心が整う365日の作法

2021年12月24日　第1版第1刷

著　者　枡野俊明
発行者　伊藤岳人
発行所　株式会社 廣済堂出版
〒101-0052 東京都千代田区神田小川町 2-3-13 M&Cビル7F
電話　03-6703-0964（編集）
　　　03-6703-0962（販売）
Fax　03-6703-0963（販売）
振替　00180-0-164137
URL　https://www.kosaido-pub.co.jp
印　刷
製　本　三松堂株式会社

ISBN 978-4-331-52353-7 C0095